早安，古埃及

目次

第一章　緒論
第二章　史前時期的埃及
埃及最早之人類群體……20
古老文明的再生……25
文化背景……39
第三章　早王朝時期
第一王朝……49
第二王朝……65
社會、宗教、文化……70

第四章　金字塔時代：古王國

第三王朝、第四王朝……78

第五王朝、第六王朝……97

官吏和管理機構……105

第五章　第一、二中間期與中王國時期

從第七王朝到第十一王朝……117

第十二王朝……128

第十三王朝到第十七王朝……137

第六章　新王國時期

第十八王朝……146

第十九王朝……183

第二十王朝……195

第七章　第三中間期、後期、外族統治
第二十一王朝到第二十五王朝……204
第二十六王朝——賽伊特王朝……215
第二十七王朝到第三十王朝……222
第八章　結論
註　釋
主要參考書目

第一章

緒　論

古埃及人在西元前四〇〇〇年，來自於乾旱的撒哈拉地區。他們很早就意識到需要一個強大而有力的政治組織。然而，由於地理因素使這種中央集權制度極不穩固；首先是上埃及和下埃及之間因戰亂而自然的畫分開來，另一個問題則是首都方面的問題，若是選擇位於北部的孟斐斯（Memphis），雖然可以與兩個自然區域相連接，但是有被侵犯的危險，如果選擇位在南部的底比斯（Thebes），儘管可以因位置偏僻避免移民和被征服的困擾，卻使它遠離商業活動。

西元前三二〇〇年，埃及經過一場革命建立統一的國家，出現了第一、第二王朝，由斯哥皮翁（Scorpion）和納邁爾（Narmer）統治，這時期的首都在蒂尼斯，他們曾進行一些軍事遠征的活動，攻打西奈半島的貝都因人，侵入紅海地區的商業城市。

從西元前二七〇〇年到西元前二四〇〇年，正是埃及第三、第四和第五王朝統治時期，這是埃及的古王國時期，此時的首都在孟斐斯。第三王朝最重要的國王是左塞爾（Djoser）和他的大臣印和闐（Imhotep），第四王朝則是由金字塔的建造者：賽奧普斯（Cheops，他又稱爲古夫，即是著名的古夫金字塔擁有者）、西弗瑞（Chephren）和米加瑞諾斯（Mykerinos）所建立的，他們曾進行遠征，戰績輝煌，此時也是金字塔的全盛時期。第五王朝是埃里奧波里斯（Heliopolis）的祭司們所建立的王朝，他們是太陽神——瑞神（Re）的狂熱信徒。

正當第四、第五王朝時期，由於烏尼（Uni）進行對努比亞的戰爭，使埃及走向衰落。

這時期，培比二世（Pepi II）昏庸統治埃及長達九十四年（從六歲至一百歲），在他統治期間，埃及受到貝都因人的攻擊，愈來愈多地方總督擁有獨立自主權（總督爲地區的領袖），讓埃及陷入四分五裂之中。

西元前二十一世紀，貝都因人的勢力被完全逐出埃及，第十一王朝的門圖荷太普（Mentuhotep）將權力延伸到上埃及，建立中王國時期，首都設在底比斯。第十二王朝的阿蒙赫特（Amenemhet）和索奴斯埃特（Senousret）在位時期則是埃及全盛時期。

這一時期進行了一些革新；底比斯成爲宗教和行政中心。在索奴斯埃特統治時期，總督的職權被取消，他們失去權力和世襲位置，行政權重新歸於中央，在宗教信仰方面，人民一樣可以獲得靈魂的得救；此外，平民也能夠接受教育，使得文書的職業成爲令人羨慕和嚮往的工作。人們在腓尼基建立商業據點，將埃及的商業擴展到敘利亞和克里特島。底比斯的神祇——阿蒙神，在第十二王朝時期成爲全埃及的神祇，其地位等同於瑞神，祂是埃及的最高神祇。

君權是從蒂尼斯王朝時期即確定下來，它具有強烈的宗教特點；法老（Pharoah）是「大房子」的主人，他是荷魯斯神（Horus）的兒子（祂的外形是鷹），也是瑞神的兒子，更是王國的所有者和專制政權的主人。蒂尼斯王朝創立了一套行政管理制度，此制度於第二王朝和第四王朝時期加速發展，直到第十二王朝的阿蒙赫特和索努斯埃特時期臻於完善。但由於這個地形上過於狹長的國家缺乏便捷的交通工具與道路系統，使得各省總督有機會攬權，一旦法老的勢力衰弱，這些總督就會走向獨立自主。

第四到第十二王朝時期，強盛的王權是建立在宗教的基礎上，法老必須保證社會秩序、維修溝渠和堤壩、避免敲詐勒索和不義之事發生，因此地方官員亦則成爲糾紛的仲裁者。農民種植大麥、小麥、蔬菜、水果、葡萄，以及飼養家畜。此外，還有工業（製油、紡織）和捕魚、打獵等等，這些也形成國家財富的泉源。國家總管所有的生產活動，並供養僕役、軍隊、行政官員和祭司。由於需求不多，因而商業發展仍相當緩慢，城市生活受到侷限。此時埃及的貨幣並不流通，是故形成封閉的、自給自足型經濟。

古代埃及所有的東西都歸於法老。勞動者既不是奴隸，也不是眞正的農奴，他們是農民，依附於法老，他們占人口的大部分，他們貧窮、樸實而順從。手工業者聚集在城鎮和首都，他們遭受的剝削也較少，生活也自由。士兵大部分是外國僱傭軍，不受尊重，但卻擁有土地，他們服從於法老。此外，祭司與書記是享有特權的社會階層。

宗教的起源由來已久，埃及出現了很多神祇，有動物的形狀、人的形狀，這使得其與原始圖騰崇拜說具有一些相似性，在漫長的歷史進程中，這種宗教一直保持著其平民化和地方性特點。

對於冥世的憂慮與身後觀，它控制著一般人精神的生活，這也解釋了歐西瑞斯（Osris）的傳說歷久不衰的原因。歐西里斯是尼羅河三角洲的王，他是其弟賽特（Seth）野心下的犧牲品，他的身體被切割成碎塊，後來由他的妹妹也是妻子伊西斯（Isis）把這些碎塊用亞麻布聚合起來，並細心的照料，才使他恢復生命。在這塊土地上，歐西里斯的繼承者是他的兒子荷魯斯神，法老們則是荷魯斯神的後代，後來歐西瑞斯成爲陰界的王和靈魂的審判官。

古埃及的天文學非常發達，天文觀測可以上溯至西元前二七八五年與西元前二七八二年之間，儘管埃及曆法是憑經驗制定，但可能很早就已經制定了。另外，醫學方面也有相當的成就，因爲木乃伊的製作必須要有解剖學與生理學的知識，但由於對傳統的尊重，也使這兩種學問的發展受到限制。

至於文學作品主要有民間故事；包含諷刺詩和金字塔文獻等。藝術是由法老提供資金，並加以引導而創作。藝術創作的重要時期，也就是君主統治的鼎盛時期，不管是在第四王朝時期（金字塔王朝時期），還是在第十二王朝時期，全都屬於這種情況。

西元前一五八〇年，西克索人被阿莫斯（Ahmose）徹底逐出埃及，並且建立了第十八王朝，從此之後埃及進入新王國時期。在圖特摩斯一世（Thutmose I）和圖特摩斯二世時期（西元前一五三〇年至西元前一五四〇年）的埃及擁有一支強有力的軍隊，軍隊載有弓箭手的戰車，這些弓箭手在戰爭時，常發揮決定性的作用。外交方面，埃及也與鄰近國家保持活躍的雙邊關係。圖特摩斯三世的主要對手是米坦尼人（Mitanni）。米坦尼統治著小亞細亞，處於東方商業道路的十字路口。由於這個地區沒有自然邊界和缺乏強有力的政府組織，因此埃及與鄰近西北部的西台人和東南部的亞述人衝突不斷。此時的埃及通過一個新的協定，接受了和米坦尼人的姻親關係，阿梅諾菲斯三世（Amenophis III，西元前一四○三年至一三六五年）及阿梅諾菲斯四世時期這種關係尤其顯著。阿梅諾菲斯四世忽視對外政策，而這時期的西台人是在蘇比魯里（Soubilouliums）的統治之下，也是國力達到最強盛的時期，他們極力擴展勢力，並將其勢力延伸到敘利亞和腓尼基地區。

圖 1-1　阿梅諾菲斯三世　王惠玲攝

第十九王朝的塞提一世（Seti I）和拉美西斯二世（Ramesses II）統治時期，他們再發動了新的軍事行動，不久就占領了巴勒斯坦和腓尼基，西元前一三一五年，塞提一世在加代什戰勝西台人，拉美西斯二世仍繼續對外發動戰爭，戰爭也變得更加的殘酷。

第十八王朝是由阿梅諾菲斯和圖特摩斯家族交替繼承埃及的王位，圖特摩斯家族直到西元前一四五〇年一直掌握埃及王位繼承權。如果沒有出身於合法婚姻（元配）的男性繼承人時，王位則傳給女兒，女兒則嫁給她們同父異母的兄弟。

圖特摩斯三世（西元前一五〇四年至西元前一四五〇年）也是第十八王朝最爲興盛的時期，其父親圖特摩斯二世去世時他還很年輕，由他的繼母哈特雪普蘇（Hatshepsut）攝政。哈特雪普蘇與祭司合謀，非法保留了二十二年的攝政權，她曾經爲自己取過男性的法老名字，但始終沒有指揮軍隊。她死後，圖特摩斯三世亦極力地破壞她的名譽，並毀掉她在神廟內的畫像。

從西元前一四八四年到西元前一四五〇年，圖特摩斯三世進行了十七次戰爭，將埃及的領土向南拓展到尼羅河的第四瀑布區，向東北征服巴勒斯坦和敘利亞，由於他的征服和溫和的政策，使他成爲埃及最偉大的君主。

在平凡的法老之中，阿梅諾菲斯四世是最獨特、最有爭議的一位法老王，他對國家事物漠不關心，但卻致力於宗教事務。他是太陽神——阿頓（Aten）的狂熱信仰者，認爲太陽的圓盤象徵著太陽神張開的雙手，向世界傳播著快樂和繁榮，因此他反對底比斯的阿蒙神，而簡化的信仰使他的宗教變爲最早的一神論信仰。他自稱爲阿肯那頓（Akhenaton），意即阿頓神滿意的人，並建一座新城阿庫答東（Akhetaten），將首都從底比斯遷移到這個新城市。他的妻子娜芙蒂蒂（Nefertiti），後來成爲這個新宗教的虔誠信仰者。

然而在埃及史上，拉美西斯二世卻是這些法老中最重要的一位，他長期致力於修建神廟與宮殿，以及現在藏於開羅博物館的木乃伊，使其名聲很高。他統治埃及很長的一段時間，輝煌的外表掩蓋了國家衰微的眞相。西元前一二三五年至西元前一二二四年，他的繼任者梅納普塔（Merneptah）統治埃及時，已經遭到來自海洋民族的威脅，這時期鄰近的希伯來人興起，埃及境內的希伯來人就是在他的統治下時，由摩西帶領同胞離開埃及這個「被奴役之地」，回到迦南定居。

他死後，混亂和外族入侵毀壞了埃及這個國家，直到第二十三王朝時期才出現埃及歷史上最後一位著名君主拉美西斯三世，他以拉美西斯二世爲榜樣進行大量的建築工程，並再次擊退海洋民族，顯示了他的軍事成果。

西克索人統治之後，埃及君主的權力加強，法老是財產分配者、萬能的保護者和施恩者；此外，法老也是先知、人民的領袖，並擁有無限的權力。由於實行中央集權制度，朝廷因而出現兩個「大臣」，他們一個在底比斯，一個在孟斐斯，同時負責全國的治安，並管理公用事業，例如糧倉、國庫、公共建設等。

新王國時期的建築物很多，尤其是底比斯以及尼羅河東岸的帝王谷有許多神廟建築，其中以卡納克（Karnak）和路克索（Luxor）神廟最爲有名。卡納克神廟至今尚殘存一部分，它是由一百二十四根巨大的石柱排列而成，其中有些石柱高達七十呎，柱頭的直徑長二十呎，上面可以同時站滿一百人，至於中間的大殿大到可容下一座歐洲大教堂。像這樣列柱式的神廟建築，後來傳到歐洲，成爲西洋建築特色之一。

圖 1-2　卡納克神廟列柱一隅　王惠玲攝

圖 1-3　卡納克神廟列柱一隅　王惠玲攝

圖 1-4 卡納克神廟列柱一隅 王惠玲攝

第二章

史前時期的埃及

西元前六〇〇〇年至三一〇〇年（在中國也是史前的新石器時代）未見有建築物，唯有石器和彩陶[1]。

人類在埃及的出現，最早可追溯自舊石器時代（約三十萬年前），當史前人類定居西撒哈拉沙漠的低窪地區與綠洲時，那時的氣候較現在溼潤許多。大約在四萬年前，北非的氣候開始產生變化，沙漠化的過程創造了現今我們所知的撒哈拉沙漠。因爲這樣的劇變，以漁獵爲生的部落紛紛往尼羅河移動，並在舊石器時代後期遷居至尼羅河谷[2]。這些部落在小型燧石工具的基礎上發展出特殊的石器工業，以適應新的河流環境。

埃及最早之人類群體

白尼羅河、藍尼羅河和它們的支流，發源於中部非洲的阿比西尼亞（Abyssinia）高原地區，豐沛的雨量，使得埃及境內的尼羅河在夏季漲潮，九、十月分達到高峰。尚未修築現代化的大堤壩之前，尼羅河河水漲潮使大部分耕地被河水和淤泥掩蓋，其中淤泥被人們所修築的堤壩蒐集起來，成爲一種有價值的物質[3]。於是古代埃及人在尼羅河沿岸和北部的三

圖 2-1 尼羅河靠近亞斯旺一帶 王惠玲攝

角洲地帶進行大面積耕種，它成爲人類史上最早、最燦爛的文明發源地之一。

埃及歷史與史前時期的連續性是驚人的，這片土地本身在它的發展中也發揮主要的支配作用。埃及是由一條帶狀的可耕地形成，這些淤泥是尼羅河每年氾濫之後遺留下來。尼羅河全長約七百五十英里，呈弧形，它從亞斯旺（Aswan）的紅色裸露花崗岩地帶向北流至地中海沿岸東邊的達米塔（Damietta）和西邊的羅塞塔（Rosetta）[4]。有時，種植莊稼的帶狀地區會分別從河的兩岸向內陸推進幾英里，至於其他地方，特別是南部的努比亞，河岸邊就是無法耕種的荒涼山崖[5]。埃及人將肥沃的帶狀耕地稱爲「黑色的土地」，而相應地稱河的兩岸荒涼地區爲「紅色的土地」。

非洲東北部在漸新世時期較溫潤的氣候下，曾是許多現在已經絕跡的爬蟲類動物和其他一些哺乳動物的家園。西部荒漠地區的法雅姆（Faiyum）與尼羅河相連的湖窪地淤積物中保留了一些動物的遺骸，透過研究，我們瞭解許多關於這些動物的情況[6]。舊石器時代，獵人和從事採集工作的人居住在這片荒漠中，在沙漠中和尼羅河水位下降到現在高度時削蝕出的層層梯狀地帶中，常常可以發現人類活動的痕跡（主要是石器）。

到了舊石器時代和中石器時代末期，法雅姆地區、西部的堤貝斯迪（Tibasti）和蘇丹之間也許曾有過聯繫。在其他地區被視爲「新石器時代革命」的階段，即從漁獵、採集這樣的原始經濟向以農業和畜牧業爲基礎的經濟過渡階段[7]。伊朗的扎格洛斯山（Zagros）地區以及伊拉克、敘利亞和巴勒斯坦，這種過渡階段都得到較好證明。

在這段空白時期之後，埃及的一系列發展階段由上埃及（即南方）大量的基址提供了許多材料。從最古老的階段，塔西恩——巴達里恩（Tasian-Badarian）開始，就不斷出現畜牧、農業、製陶、紡織和銅的遺跡[8]。

幾個連續的前王朝階段，每一個都是按照佩特利（Flinders Petrie）和其他考古學者挖掘的基址來命名，它們是：巴達里恩、阿姆拉什（Amratian）、格爾增（Gerzean）和塞緬尼恩（Semainian）[9]。它們也被稱作巴達里恩、尼加德一世（Neqada I，即阿姆拉什）、尼加德二世（即格爾增）和尼加德三世（即塞緬尼恩）。

這些時期的定居點很少被挖掘出來，因爲它們大部分位於現在的水系下的肥沃土地中。但是，西元前三〇〇〇年，古埃及人的墓地則展現了從最古老時期到歷史時期的連續性[10]。其中的骨骸大都以彎曲或收縮的姿勢，放置在淺坑內，頭部常常向著南方，面部朝向西方。墓穴裡的陶器中不但有食物，還有供墓中主人在另一個世界生活的器具：諸如工具、魚叉、梳子、用於磨製眼部塗料的調色盤、珠寶、神像和護身符等[11]。

在尼加德一世與二世時期，一個皮革器皿上面有紫紅色的圖案，它使人了解到在進入穀物種植和畜牧業之後，漁獵和採集經濟的情況[12]。石刀和石劍顯示出高度熟練的技藝，尤其是那些象牙柄的薄刀，上面常常有水平排列的一行行的動物圖案[13]。尼加德二世後期（西元前三二〇〇至三〇〇〇年），產生了一系列典禮用的石製調色盤，上面刻有異常精美的狩獵動物和戰爭的圖案[14]。這些調色盤是由某個部落首領放入神廟，向他的保護神表達感激之情。

首領墓室中還發現了象牙和黏土製的人物，動物偶像及祭祀用的浮雕，已有明顯的宗教和巫術目的，雕刻中有許多是當時崇拜的圖騰，有鱷魚、獅子、公牛、魚、鳥等[15]。埃及人信仰多神的宗教，即是從這時期的圖騰崇拜漸漸發展起來。

埃及和其他地區的接觸並非不值一提。在埃及也發現了一種被證明是屬於美索不達米亞原始文化的圓柱形印章，其中一枚是從尼加德二世後期的一個墳墓裡挖掘來的[16]。一種暗黃色的陶器，兩邊有波形稜條作爲把手，是從敘利亞和巴勒斯坦的一種器皿改進而來的。藝術中的主題圖案，有如蛇一般纏繞的脖頸的獅身動物，很明顯來源於美索不達米亞並與之有類似之處[17]。

其他的圖案，如美索不達米亞的船形湯碗、兩隻野獸之間有鬍鬚的英雄形象等，形成了兩地文明共同寶庫的一部分，也顯示出當時來自東方的影響。此外，底格里斯河與幼發拉底河地區，很可能爲埃及前兩個王朝的帶壁龕的建築提供靈感[18]。

此類進步，應該會有一種簡單的社會組織與政治組織，但由於此時書寫尚未發明，自然沒有明確證據傳於後人。從陶器和墓室的牆上所發現的小船和建築景物，上邊皆有紋章之像，如鷹、象、太陽、交叉之箭、山[19]，此類圖騰直到法老文化末期猶多用爲各省的名稱，由此可以證明在信史開始以前，埃及即已存在一種社會的意義。

關於埃及文字起源的疑問較多。在美索不達米亞和埃及，兩種不同但有一定類似的文字系統大約在同一時期內出現[20]。我們所能得到的證據表明美索不達米亞稍稍領先於埃及，因而關於書寫的概念有可能是從美索不達米亞傳到了埃及。

埃及最早的語言，雖經歷不斷的變化，但仍持續了四千五百年左右的時間。它從西元前三〇〇〇年時期的古埃及語發展到哥普特語（Coptic）。哥普特語是用希拉語的輔音和元音來表示的，而古埃及語則是象形文字或是象形文字的草書變體。透過書寫文字，埃及的歷史於是成爲人們研究的對象[21]。

古老文明的再生

西元前三一〇〇年至二六八六年（在中國仍是史前時期），埃及已經由史前過渡到古代時期[22]。

人類從誕生至今，已經歷了數百萬年的漫長歲月，而文明出現至今不過五千年左右的歷史。但是，文明中蘊藏著巨大的潛能，在它出現後這短短的數千年時間內，人類歷史經歷巨大的變化，人類的物質文明也有了驚人的進展[23]。

埃及學，是對埃及古代史的各個方面研究，是一門專業性極強，同時範圍極廣、涉及領域極多的學科。從時間上來說，一般認爲埃及古代史涵蓋從西元前三〇〇〇年左右歷史的發端，到西元前三三二年亞歷山大征服埃及這段時間的歷史。從地域上來看，它討論範圍包括尼羅河谷地、三角洲及位於非洲東北角的邊遠地區。這門學科並不僅僅是埃及古文物學家們的研究對象，前王朝時期埃及的許多發展階段，也成爲史前史學家的研究範圍。希臘人統治下的埃及，在希臘莎草紙古文稿中也留下了大量的原始資料，它成爲古莎草紙文稿研究學家的學術研究領域[24]。對於哥普特時期的埃及，宗教歷史學家研究基督教和諾斯替教派（Gnostic）的文獻。法學家、社會史學家則研究其豐富的商業文件。

在埃及古物學領域內，學者在許多方面進行專門的研究。諸如語言發展階段上的語法分析、文獻、建築、雕塑和繪畫等。但是，埃及古物學的範圍極大。凡歷史、宗教、考古學、藝術與建築、文學、社會結構、土地使用與所有、經濟學、古代動植物、古代科學、天文學和醫藥學都屬於研究中的一部分[25]。還包括與埃及有接觸的世界其他地區：非洲、敘利亞和巴勒斯坦、安納托利亞、美索不達米亞、波斯以及希臘和愛琴海一帶[26]，這門學科雖說在時間和地域上是有限的，但其研究的各個面向以及其所在的一段特定時期，深遠含意是無限的。

從古典或現代的意義來看，埃及人沒有眞正的歷史感[27]。我們沒有現存的埃及歷史書籍，甚至連編年史或年鑑的長度也不超過一個君主的統治期或他的壽命。我們所瞭解的埃及歷史主要建立在年鑑和偶然的發現，以及彼此孤立的傳記性銘文基礎上。

這些銘文中有講述古王國的溫尼（Weny）和哈爾胡夫（Harkhuf），以及新王國的埃巴那（Ebana）之子阿莫斯等人物（王室和非王室的年鑑總是講述個人事跡，如某個特定的銘文所紀念的國王或貴族）[28]。因此現代的歷史學家必須把這些孤立的資料檢驗並整合，較爲可信地按年代順序重現歷史事件，從而在這個基礎上重新建構出推動歷史發展的各種力量[29]。

對於年代的表達法，我們有一個完整全面的系統，如西元一九七一年或西元前一五五七年。但是缺乏歷史世界觀的埃及人則沒有一個延續性的時代概念。在最初的幾個埃及王朝中，出現有如「建立明神廟（Min Temple）之年」之類的名字[30]。後來，古王國時期每隔一年舉行的牛群普查，成爲紀年的基礎，不過第一次普查的年分和它的翌年是法老統治的第一、二年還是第二、三年，要看這次普查是否發生在法老統治的第一年。第六王朝時期，這種普查被認爲每年一次，因而這種連續性的普查便代表了連續的年代。但是，由於每當新法老登基時，記數又重新開始，所以我們無法了解某個法老統治的第五年和另一個法老統治下的第四十七年之間相隔有多久，同時我們又沒有關於第一個法老統治時間的確切記載，也沒有包括其他法老統治時間的一覽表。

埃及歷史的研究，一般是把它的漫長歷史分成三十朝代或時期，後來又加上第三十一個朝代。一個名叫曼內托（Manetho）的埃及祭司曾經做過最早的時代畫分，他在西元前三世紀早期，亞歷山大大帝征服埃及之後開始寫作。曼內托希望向他的王室保護人強調埃及的古蹟，他的工作也切合時宜。他所著的史書現在只留下不連貫的片段和一些總結，這些總結以一份列出了神祇、半人半神、死者靈魂的一覽表開始，再列出世俗的三十個王朝的法老們。那些神話中的統治者統治時間長得令人難以置信[31]。一般來說，每個法老在位的時間以及每個王朝歷時多久都有記載，同時還包括各個統治期的首都所在位置，以及定都該地含意深刻的信息。雖然我們很難確定他把埃及歷史畫分成三十個朝代的標準是什麼，但是爲方便起見，這種畫分系統被一直沿用至今。

至於重要年代和中間期的畫分則更是具有總結性，同時也更有意義，早王朝時期（包括第一、二王朝）；古王國或金字塔時期（包括第三至第八王朝）；第一中間期（包括第九、十王朝和征服的第十一王朝以及第十二、十三王朝）；第二中間期（包括第十四至第十七王朝）；新王國或帝國時期（包括第十八至第二十王朝，其中的第十九和第二十王朝被稱爲拉美西斯時期；第三中間期（包括第二十一至第二十五王朝）；賽伊特時期（Saite Period，第二十六王朝）；晚王朝時期（包括第二十七至第三十一王朝）[32]。

這種畫分方式的歷史觀，呈現出「穩定和繁榮的時期」與「文獻記載不明時期」二者之間不斷的交替；以此對照古、中、新王朝時期，介於其間的幾個時期，埃及在政治上相對地處於弱勢，不但有「異族」入侵的干擾、紀念性的公共建築減少、國家中出現分立的或多重的王權，甚至發生處於同一時代卻相互抗衡的王朝[33]。同時社會結構也在重新建構之中。已知的文獻表明，這些時期並非是處於純粹的無政府狀態或毫無希望的混亂之中。

對古代埃及人而言，過去是一個簡單而又相當平凡的過程，沒有什麼重大事情的記載，也沒有促使生活準則改變的大事。過去是秩序的典範，各個法老的統治是連續的，幾乎完全和平地彼此延續。這反映了和平穩定盛世的眞實情景，同時也反應了對歷史的初步認識，即法老的前後延續，這種觀點仍然廣爲流行[34]。但也僅是一種觀點。

在這些時期，從文學上來看，我們有極大的收穫，這同時也孕育了日後宗教和國家組織改變的基礎。當一個國家走向衰落時，我們對它的瞭解往往比它最有效地運行時更爲深刻。從另一方面來說，在較重要的時代裡，往往有強大的集權君主統治著整個國家，有一個穩定的官僚體系，以有效的手段徵收賦稅、控制邊界、開發採石場和礦山，例如在萬第哈馬美特（Wa dip Hammamet）和西奈半島發現的銘文所證實的情況[35]。同時，開始大規模地修築神廟以及王室或個人的宮殿，這些時期的埃及，在建築、雕塑和繪畫等方面達到極高的成就。

針對文獻記載的研究，結果顯示出了一種模式：在衰落期後的一個統治者往往由南方開始擴充勢力，再重新統一全國。例如當埃及歷史的發端之時，美尼斯（Menes）便首先在阿比多斯（Abydos）的蒂尼斯（Thinite）地區開始行使上埃及和下埃及的雙重王權，並且以孟斐斯爲中心統治北方[36]。第一中間期結束後，中王國時期始於底比斯的門圖荷太普對北方赫拉克萊波利斯（Heracleopolitan）的征服，還有這之後的阿孟霍特普一世（Amenhotep I）在孟斐斯南方建立的新定居城市。第二中間期結束後，新王國時期始於底比斯的兩兄弟卡莫斯（Kamose）和阿莫斯驅逐西克索人以及第第十八王朝的建立。

新王朝時期的法老雕像在拉美塞姆（Ramesseum）以浮雕形式表現出來，這一系列浮雕顯示了埃及人對自己歷史的重視。這個系列以阿莫斯、門圖荷太普和美尼斯的雕像做爲結束，此可能表示這是對他們分別創建新王國、中王國和第一王朝地位的承認[37]。這種從南方開始重新征服全國的模式後來被一再重演了，例如第二十五王朝的蘇丹人彼安基（Pi-ankhi）征服埃及時，最後導致了第三中間期的結束和第二十六王朝塞伊特三角洲王朝的建立。

爲了建構出古埃及編年史的框架，以便爲閱讀歷史書籍作爲基礎，有必要研讀許多方面的重要材料，首先是王表，它是一些零散的莎草紙古文稿，在重要性上僅次於曼內托書寫的史書，它屬於拉美西斯時期，被稱作《杜林王室正典》（*Turin Royal Canon*），現存於義大利杜林的埃及博物館[38]。它一開始記述神祇們的統治，然後講述靈魂和獵鷹之神荷魯斯。

記錄世俗法老部分的王表從美尼斯開始，一直延續到第二中間期，其中由於原稿保存不當造成一些大的缺漏之外，它記錄了每個統治者在位的年數，有時甚至標明了月數和天數，其中還有一些總結和小結。

特別引起人們興趣的是一份長達九百五十五年的紀錄，從美尼斯到古王國結束時的總結，其中從美尼斯到第五王朝末期的小結已不存在。有了這個《杜林王室正典》，我們因此瞭解到一種比曼內托畫分法更早的方法，它記載了統治者在位的時間、總結，但畫分的「朝代」則相對比較少[39]。

有許多尚待我們去研究的是另一個表，它就是以帕勒摩石碑（Palermo stone）和與之相關的一些文獻片段爲代表的《王室年鑒》[40]。這些蒐集起來的銘文片段，是被埃及人轉刻在石頭上，它們有可能是抄自於一份莎草紙的古文表，那上面在每個統治的法老名下記載有連續的統治時間[41]。在各種蒙受大範圍磨損的文獻片段中，最大的一段現存於西西里的巴勒摩博物館中。這些片段也有可能不止來自於一份古文表，雖然其中註明最後的統治期是在第五王朝時期，一般也認爲這些片段是屬於那個時期，但也曾有人認爲它們是第二十五王朝時期所製作的一份複製品[42]。法老的名字很明顯地寫在他母親名字的前面，都排成一列，第二列和第三列被垂直線分成了幾個格，其中第二列表示該年份的名稱（年份的名稱包括了當年發生的重大事件），第三列表示尼羅河的高度，然後接著是下一位法老在位年代和其他類似的資料。當整個記錄結束時，我們可以把每位法老的統治年數相加，來推算從開始到記錄結束時那一段時間的總長。我們也可參考每個年份的名稱，來確定它們正確的順序。組成年份名稱的簡略事件延伸到以後統治期中，並且爲我們提供一些「歷史」信息[43]，雖然它們在記述對鄰近部落的戰爭或爲了造船而從黎巴嫩進口木材的同時，也提到了某一具體神廟的建成或某個節日，但它們並非我們所指的年鑒。

特別引起人們興趣的，卻是文獻殘片最上面，僅部分保存下來的地方，那上面有依據他們的王冠而被稱爲下埃及法老的早王朝時期法老們的名字[44]。埃及博物館中保存的一份文獻斷片在同一位置記載有擁有上、下埃及雙重王冠的法老象形文字，很可能還有一個關於上埃及法老的表，其中沒有記載年代名稱或尼羅河高度，然後記載了統治上、下埃及的法老們（開羅文獻殘片）。

王朝王表中最著名同時也是保存最完善的是，第十九王朝的塞提一世出現在阿比多斯神廟的奉獻儀式中，塞提一世在他的兒子拉美西斯二世的陪伴下，爲過去的埃及法老們敬獻祭品。這些法老名字周圍的象形文字花框順序排列，形成了一個名表，表上有從美尼斯到第八王朝結束時五十六位法老的名字，第十一王朝的兩位法老、第十二王朝的七位法老、第十八王朝的八位法老以及第十九王朝的兩位法老（包括塞提一世）的名字。

其中明顯的省略之處是第一中間期時第九王朝和第十王朝的赫拉克萊波利斯家族，第十三王朝的法老們和第二中間期、第十八王朝的哈特雪普蘇和阿馬爾納（Amarna）的「異教徒」統治者們：阿肯那頓和賽門克卡瑞（Smenkhkare）、圖坦卡門、愛（Ay）[45]。在卡納克的早期（第十八王朝）圖特摩斯三世的節日神廟的「祖先室」中也列出了法老的名字[46]。他們並不是按連續的年代先後排列順序的，因爲王表的主要目的是爲他們所崇拜的神靈提供供品[47]，但它也有一定的重要性，因爲它反應了與孟斐斯傳說相對立的底比斯傳說。

圖 2-2 埃及博物館一隅 王惠玲攝

圖 2-3　埃及博物館一隅　王惠玲攝

圖 2-4 埃及博物館一隅 王惠玲攝

古王國的君主在其中所占的範圍不大，因爲當時的底比斯還不是一個重要地區。另一方面，第二中間期的埃及君主們則占據了顯著位置。在沙卡拉（Saqqara）拉美西斯二世的官吏牆上又發現了一個表，這個官吏名叫圖恩羅伊（Tjuenroy），是「所有神靈的節日的組織者、法老所有紀念碑建造工作的監督者、王室書吏和主要的讀經祭司」，他每天代表拉美西斯二世向第一王朝的阿內則布（Anedjib）以下的歷代埃及君主獻祭。第十一王朝和第十二王朝的次序是正確的，但在抄寫時被抄顚倒了。雖然其中關於第十八王朝的部分被損壞了，但由於對它重新安排，在阿比多斯表中對阿馬爾納的異教徒法老的省略也同樣地被採用了[48]。

所以，埃及第十九王朝的法老們很重視他們的歷史記錄，並且從美尼斯開始，統治上、下埃及的雙重王權得到了確認。但因爲其中有些統治者被故意省略了，所以這些王表並非不帶任何偏見。爲了塡補這些空缺並改正這些資料，以便我們重新建構歷史，我們可以利用當時的王室或私人銘文，以及保存下來的商業文獻和帳目，由私人資料中尋求歷史和編年史書的參考，將會比王室的資料更爲可靠[49]。如果曼內托和《杜林王室正典》記載了某個法老在位七年，而一份遞送肉類的帳目表明他統治了十年，一般而言，後者會比前者更可信。同樣地，如果關於一個貴族的資料表明，他是在一個法老統治時期出生，被第二個法老提拔，由第三位法老任命爲高級官吏，在第四位統治時期去世，那麼所有這些統治者在位期間相加，這些相關的部分應都發生在一個人的壽命長度之中[50]。

埃及人這種有趣的、避免使用連續年代的現象，部分是因為埃及人對於歷史的概念是週期性而非直線性的。河水的氾濫、農耕的季節和宗教節日都是週期性的，連法老的在位年代也是如此，偶爾一個文學傳說以某個早期法老的時代為背景，或者據說某個建築物亦或醫藥處方源於某個特定法老的後代，雕像被奉獻給過去的法老或者是恢復了對他們的崇祀[51]。但是時間直線前進的概念並沒有得到運用，對於埃及人而言，法老是至高無上的，他征服他們的敵人：包括南方的努比亞人、西方的利比亞人和東北方的閃族人。第五王朝時期薩胡爾（Sahure）的金字塔神廟中有一個埃及戰勝利比亞的場景，第六王朝的培比二世在沙卡拉舉行的喪儀中曾出現過，後來又在第二十五王朝時期蘇丹的卡渥（Kawa）又再次出現[52]；而且，薩胡爾神廟中勝利的場景是來源於一個更古老的出處。我們傾向於把這種模仿看作剽竊，事實上也的確如此。但在埃及人的觀念中，這個場景只象徵著法老成功地擊潰了利比亞，它是常常發生的事。所以，同樣地，在新王國時期，一個法老所攻占的城鎮的名字，常常被後一位法老照抄，以此來表現他的成就，例如一個銘文中提到某個巴勒斯坦城鎮，但並不能保證法老已真正占領了它，真實的情況是，表明勝利的宣言和那些為了彰顯這個情況而從早期資料中抄襲而來的許多細節的一種結合。

因此，埃及編年史是把資料組織在一個大框架之中，以王表和一些相關文件為基礎，由當時不同的銘文作一定的補充。同時，埃及的編年史還必須與西亞同時代的事件相對照。如果一位埃及法老收到亞述國王的一封信或與之在戰場上相遇，顯然他們是同時代人。也有一些罕見的天文學日期，例如在埃及文獻中記載的某個星星的升起等，可以被放置在某些特定時期中。在這個基礎上，第十二王朝塞索斯特里斯三世（Sesostris III）的第七年估計即爲西元前一八七二年。分析有機物中碳的半衰期的碳十四鑑定年代方法，由於沒有一個聯繫的因素，因而一般比埃及古物學家推算出的時間要晚[53]，鑑定年代仍是一個值得研究的複雜問題。

現在，更多的人意識到古代埃及是世界文化整體的一個重要組成部分，種種因素有力地推動了這種認識的普及，使得愈來愈多其他領域的學者參與埃及學的研究。埃及學的影響在全球範圍內擴大，愈來愈多的人關注它，不僅爲專業研究人員提供了更好的研究環境，同時也使埃及學的發展獲得更多的外援：人們紛紛爲埃及學的研究項目、考古挖掘及通俗講座或節目提供贊助，更有許多志願者無償參加在埃及的考古挖掘或各個研究機構的工作[54]。是故，古埃及的遺產應該屬於全世界。

文化背景

發源於東非高山區的尼羅河由遠方蜿蜒而來，在開羅附近分支，流入地中海，從開羅以北，河面由轉寬而分支，形成所謂的三角洲，適合農業。古埃及農人就是在這片河谷平原發展出他們的文明。[55]

宗教是埃及文化中必不可少的一部分，而非僅僅是它的一個方面，如果你讓一個埃及人概要地記述一下他的國家歷史，他必定會從埃及在水源中誕生和眾神的形成與循環開始。這些講述中，對我們來說有一些頗為自相矛盾[56]。他的講述中還會有神的名字，可能還有神在這片國土上主要崇祀中心，他會描繪神的特點，宣傳神的力量。

埃及最早的宗教多為低級而呈動物形態的地方神祇，凡具有人形體的神祇多為由國外傳入者；其神話之演變複雜，有時不符邏輯[57]。一個埃及人對歷史的敘述，似乎是神話和一系列宗教儀式的結合。這些神話正是靠這些儀式來演出的，主角常常是一個演員法老，這個法老建造神廟獻給神靈，來保證神的安樂並取得神的青睞。在角色表演活動中，他表現殺死對手的場面（不論其殺死的是敵人還是野獸）。埃及人的敘述並不一定會包括一些細節，如金字塔建造者的名字史奈夫魯、克奧普斯、克夫瑞恩（Chephren）和美西里納斯（Mycerinus），或是圖特摩斯三世、哈特雪普蘇、阿肯那頓和拉美西斯二世[58]。至於戰爭如美吉多（Megiddo）戰役和卡疊什（Kadesh）戰役，以及西克索人和波斯人的統治也可能只會稍微提及，或完全不提。

古埃及人的語言是用一種圖案符號系統來書寫，一個符號可以代表一個輔音，一組輔音即是所描物體的名稱。它也可能在一組輔音後以圖像來表示某個詞的意義或範圍（例如，後腿的圖案象徵著一個表示行動的動詞）。這樣書寫的語言是所謂閃族語言的一個分支。閃族語言包括阿卡德語、亞述語和巴比倫語、希伯來語和阿拉伯語[59]。雖然這種埃及語言在其最初階段與閃族語言完全不同，但它們有許多同源的詞語，以及在動詞結構上常常不易發現的相似性。

這種語言的幾個發展階段是分別爲早、中、晚僧侶體（Demotic）和哥普特語。這種發展在許多方面與從拉丁語演變到法語或西班牙語的發展相類似。正式的文字中，一般都能辨認出來，它被稱爲「象形文字」[60]。它被用來在石板上刻銘文，或者是雕畫在牆面上。這種文字的草寫體與它的聯繫和現在的書寫體與活字印刷體或打字之間的聯繫相類似。它被稱爲僧侶使用的簡化象形文字。象形文字簡化後，原來的圖案不能一下子辨別出來，這種草寫的變體常用於商業和文學或文獻上，它一般是用蘆管或燈芯草爲筆，以黑或紅色墨水書寫在莎草紙上。莎草紙是從莎草這種植物的莖中提煉出來，製成一種植物纖維性紙張。一般來

圖 2-5 卡納克神廟的浮雕 王惠玲攝

說，是從右至左橫向書寫文件，跟中文的書寫規則正好相反，但是爲了對稱起見，有時也從左至右或垂直地從上至下書寫。

埃及是一個歷史久遠的文明國家，古埃及文字與埃及文化緊密相連，可以說，沒有文字就沒有埃及的燦爛文化。古埃及的文字經歷了複雜的演變過程，在形體和結構上都發生了變化。由於歷史的原因，古埃及文字在西元四世紀前後被淘汰，逐漸成爲一種無人知曉的文字[61]。後來法國學者尚波利翁將象形文字翻譯出來，從此，爲人們研究古埃及社會進程及文化提供了極其珍貴的研究工具。

最早的埃及文學是古王國時期第五和第六王朝的五座金字塔石刻銘文、神殿上所雕刻頌揚法老的戰功文獻，以及中王國時期法老墓中的《死者之書》和貴族棺木內壁所有殯葬詩文，特名爲《棺木文獻》；而最重要的文學作品應該還是在今日若干圖書館中珍藏的「草紙文稿」，其中有短篇動聽的故事、寓言、童話等類的著作，其歷史之悠久可上溯至中王國第十一王朝[62]。

就廣義而言，埃及文學包括了敘事文學、智慧文學、詩歌和大量的宗教文獻等。中王國的一些作品在新王國時期成爲了學校的教材[63]，例如《西努荷（Sinuhe）的故事》在新王國時期的一些莎草紙文稿（書寫在莎草紙上的文獻）和大量的石灰石薄板（Ostrakon）以及陶器碎片上，都曾經出現這部作品的幾行或更多記載。

埃及的書吏書寫了大量的書面文件，但只有其中的極小部分留存至今。他們的職業更像我們現代會計師，他們要進行法老政府中不同分支所要求的精確計算。自然而然，圍繞書吏高人一等的生活和這種職業的優點，逐漸生成一種文學[64]，例如這些作品中最古老《對幾種行業的諷刺》，它描述出其他所有人的不如意生活處境，在以下的摘錄中也可以發現這種態度：

用你的眼睛尋找你自己，各式各樣的職業都擺在你面前。洗衣工整天跑上跑下，他因爲替鄰居漂白他們的衣裳，洗淨他們亞麻布而疲憊不堪、渾身發軟。陶工渾身沾滿了泥土，好像他的一個親人剛剛埋葬，他的手上、腳上全是泥，好像一個陷在泥坑中的人。……一個木匠，在工棚裡工作，搬運堆放木材，如果他今天才把昨天的產品做出來，他的四肢就要吃苦！造船工人站在他身後向他說些不吉利的事。在野外築堡壘的工人，他的工作比任何一種工作都要辛苦。整天他手裡是沉甸甸的工具，離不開他的工具箱，但是一個書吏，他計算所有這些職業的項目，並牢牢記住[65]。

在拉美西斯時期的《諷刺信函》中，一個書吏譏笑他那笨拙地計算建築坡道所需工人的同事。這些關於書吏的記載，在一系列莎草紙文稿中被不斷提及，它們中間還穿插著充滿專業術語的行政信件，以此來檢測一個書吏的知識範圍[66]，另外還有如馬車零件、異國植物和布料的傳遞、異國的地名，甚至獻給神的讚美詩等。

透過實習書吏的習作練習和他們爲人們所熟知的作品研究，我們對古埃及的文化背景有了許多瞭解，正如古牆上的浮雕和繪畫提供了對當時生活的寫照一樣。而在埃及學中，「埃及藝術」通常指古埃及自早王朝時代以後形成鮮明個性的造型藝術，包括雕刻、繪畫、浮雕以及工藝美術等各種形式[67]。至於古埃及的音樂、舞蹈、戲劇等廣義的藝術門類，其音響與律動已融入時空長河一去不返，人們只能憑藉殘留於造形藝術中的線索，如壁畫中的舞伎、浮雕上的樂師、紙草紙或石棺銘文記載的片段去想像。

一名埃及祭司對希羅多德說：「你們這一代的希臘歷史不過還是在孩提階段而已」。因爲埃及人自以爲是世界最老的民族，西元前五二〇〇年，埃及就已經有二十六代法老，他的第一代法老王可追溯到四千年前。由出土墳墓所藏之雕像、圖畫及工具，我們即知埃及人此時已是一種高度文明的民族[68]。西元前三五〇〇年，所有古代民族，如印度人、波斯人、猶太人、希臘人、羅馬人仍處於野蠻狀態之時，埃及人已經知道如何冶金、繪畫、雕刻、書算，埃及人已發展出一種有組織的宗教，一種帝王與行政系統。

古埃及的建築，包括金字塔、神廟、宮殿住宅和陵寢墓地等，它突出地表現了古埃及人的智慧和才能，數千年來，它們一直伴隨著滔滔的尼羅河，供人憑弔、瞻仰、研究，成爲古埃及文化最鮮明的象徵，也是重要的組成部分之一[69]。

而古埃及人在科技上取得的最重要成就是在實用技術方面。數學產生於尼羅河一年一度氾濫後對土地的新丈量；幾何學在建築活動中發展起來；天文學知識是因爲制定曆法、計時以及建築定向等方面的需求；醫學知識也是在實踐中不斷積累起來的。古埃及人嚴格地按照實用目的，憑經驗來探討和發展他們的科學和技術知識。他們的一切知識都是經驗的結晶[70]。他們對於理論沒有特別的興趣，只要一種知識或技術能夠適應他們眼前的需要，他們便滿足了，並且世代沿用下去，很少會想到去改變和提高性能，以至於很多知識和工藝在早王朝時代便已具備，但直到後期仍無甚改變。這種停滯性在生產技術方面反映尤其明顯。

然而，面對古埃及文明的實際成就，人們仍然驚嘆他們的聰明才智。古埃及人憑著他們所掌握的科學和技術知識，創造了古代世界無與倫比的奇蹟，給後世留下了豐富的遺產，爲人類知識的發展作出了傑出的貢獻。

第三章

早王朝時期

第一王朝自西元前三二〇〇年至二八五〇年，從美尼斯到卡（Qa），共八位法老。第二王朝自西元前二八五〇年至二六八六年，從霍太普塞刻莫伊（Hotepsekhemwy）到哈塞赫穆伊（Khasekhemwy），共六位法老[1]。

古埃及第一王朝連同第二王朝通常被納入爲早王朝時期。在這段時期，埃及的首都在提尼斯。有關這個時期的資料乃來自少數的遺址及其他刻有法老王名的物件，當中最重要的是那爾邁石板。除了那爾邁石板上的簡單文字，目前仍無發現任何有關第一王朝與第二王朝的詳細紀錄。在當時埃及的象形文字已經成形，接下來超過三千多年的時間，其形狀改變不大。

除了在孟斐斯附近的沙卡拉和赫勒萬的陵墓，在阿比多斯和涅伽達的大型法老墳墓多以木頭及泥磚建成，同時亦會以石頭作牆壁和地板之用[2]。不少石頭亦用來製作裝飾物、器皿，有時亦會用來製作石像。

明顯地，第一王朝時期的埃及仍有活人殉葬，此舉於後來便已停止。在這段時間，每個法老墓穴中都葬有幾百名僕人，以及其他於葬禮作爲犧牲品的動物[3]。這些人和動物（例如驢）被認爲可在死後的世界繼續侍候法老。

第一王朝

有歷史記載的埃及是在前王朝末期，隨著雙重王權在第一王朝的建立而開始的。根據資料記載，雙重王權的建立者名叫美尼斯，但是當時的確切詳情並不像人們所期望的那麼清晰，因爲我們至今還不能毫無疑問地證實美尼斯是曼內托列表上的一個明確的法老。

但無論如何，第一王朝開始之時，古埃及人開始產生君王絕對權力的制度，並發明書寫以發揚其論點。而思想與文學仍具有一種新鮮之活力，尤其象形文字更有魔術般的魅力，我們若想要分析其文字，則應當按照其整體的意義來解釋[4]。

我們可以從資料中清楚地得知，上埃及存在早王朝的一系列法老，那個地區在歷史時期曾從位於亞斯旺的尼羅河第一瀑布向北擴展，直至孟斐斯以南，臨近現代開羅的尼羅河三角洲的頂點。這些法老以「Ny-Swt」的頭銜標明，意即「屬於蘇特樹的」[5]。這個以蘇特樹爲標誌的頭銜，出於方便被譯成「上埃及的法老」。他們的頭飾很獨特，白色的高高王冠頂部有一個球莖狀的末梢。他們的女保護神是兀鷹女神奈肯（Nekhen）。與他們相對的是統治著埃及北部地區或稱爲「三角洲地區」的一系列法老。

他們的頭銜是「Bity」，意思是「屬於蜜蜂的人」，這是埃及北方的標誌。這個頭銜現在被譯成「下埃及的法老」。他們持有一個紅色王冠由柳條製成的頭飾。它的後部是一個高聳的部件，而前面則有一個帶有提琴頭狀彎勾的薄片。他們的保護神是眼鏡蛇或毒蛇女神瓦哲特（Wadjet），那時候法老沒有稱號，顯然「Ny-swt」或者「Nsw」以及後來的「Per-aa」，即「法老」代表同樣的意義[6]。

前面已經提過，帕勒摩石碑上有一些早王朝法老的名字，還有代表戴著紅色和白色兩個王冠的一個法老象形文字，這意味著早王朝時期，南、北兩個王國的一次統一[7]。

雖然只涉及到一個人及他的名字，然而，「蘇特樹的首領」和「蜜蜂的首領」這兩個頭銜，卻一直不斷地交替和聯合使用著，即是它們最後幾乎變得沒有任何意義[8]。有人爭辯說這個雙重王權實際是爲了保護每個王國的獨立性而人爲設置的，埃及在一開始就只有一個法老，他擁有幾個王國的統治者頭銜，以此來協調上、下埃及兩個王國。更有可能的是，在早王朝時期，每個王國都有自己的法老，而雙重王權的創立者美尼斯則兼併了被他打敗的對手的頭銜。

第一王朝時期聯合王國的法老是以他們的荷魯斯名字而聞名於世。他們靠這個名字而被認爲是鷹神荷魯斯的化身。這個名字被寫在一個代表房屋、宮殿或廟宇門面的長方形內，長方形的頂部有一隻獵鷹[9]。在第一王朝的統治者荷魯斯名字有：羅塞特斯哥平、那爾邁、阿哈（Aha）、哲爾、戴恩（Denn）、阿內則布（Anedjib）、塞默赫特（Samerkhet）和卡。

我們只能從位於希拉孔波利斯（Hierakonpolis）的神廟中，發現用於慶典的還願奉獻物

——石質雕飾權杖頂部，得知羅塞特斯哥平其人。他頭上戴著上埃及的王冠，手裡拿著一把鋤頭出現在挖掘運河的祭典上。他的名字旁邊有一朵七瓣玫瑰花，下面是一隻蠍子，出自同一個地方支離破碎的一個石質雕飾權杖頭上，我們可以看見一個頭上戴著下埃及王冠的法老坐在一個被征服的敵人面前[10]。雖然在荷魯斯廟宇門面的長方形內，都沒有出現過這兩個名字，但他們卻處在和那爾邁畫像前面的名字相同位置上。儘管有人不這麼認為，但從這裡可以清楚地知道羅塞特斯哥平代表一個法老的名字[11]。

在保存較完整的那個石質雕飾權杖頂部的最上面，可以看到上埃及的軍旗上懸掛一隻死鳥，這反映了埃及的北方為南方的聯合軍隊所征服。也許在另一個石質雕飾權杖頭上所描繪的被征服軍隊的情景，也是為了慶祝同一個史實。由此看來，羅塞特斯哥平，或稱為斯哥平完全有可能奪取了雙重王權[12]。而有七片花瓣的玫瑰花可能是王權的一個早期稱號，也有可能反映了埃及與美索不達米亞之間的聯繫，因為在美索不達米亞，許多東西上都有玫瑰花飾。

第一王朝的真正創立者可能是那爾邁，他的君主統治的主要紀念物是取自希拉孔波利斯神廟的一塊在慶典上用於還願的藍灰色調色板[13]。在這塊盾形的調色板頂部，可以看到左右兩邊各有一對牛頭人身像，他們象徵女神哈托爾（Hathor），而埃及法老的荷魯斯名字則放在牛頭人身像之間的長方形宮殿門面的框裡。

這個用魚形和鑿子或針的象形符號結合而成的名字，按習慣被看作是那爾邁。在調色板一面的上半部分，繪有頭戴上埃及王冠的那爾邁王，他一手持權標，一手抓住一個敵酋的頭髮[14]。那個敵酋是用魚和水池的象形符號的組合而加以標明的。右上角的奇怪畫面好像是在顯示荷魯斯俘虜了來自三角洲的低草土地敵人。那爾邁身後有一個官吏，他一手拿著國王的鞋，一手提著一隻帶壺嘴的罈子，這個官吏的名字由七瓣的玫瑰花和一根木棍這兩個象形符號的結合標明的。他可能是那個把頭銜寫在玫瑰花旁的人的僕役。

在調色板的下半部分繪有兩個敵人，他們或者奔跑或者游泳，每個人都由一個單一的象形符號標明，很可能是某個地方的地名。在調色板（它大約有二十四英吋高）的另一面，上半部分向我們展示了國王前往戰場巡視的情景。在此處那爾邁王頭戴下埃及的王冠，在他前面有四個擎軍旗的人以及一個官員，那個官員有可能是王子[15]。在國王後面的是一個手提鞋子和罈子的官吏，在他上面的是一個內有表示一間房子的象形符號長方形框架。在戰場上，頭腳相錯地放置著十具屍體，那上面的三個象形符號是一扇門、一隻鳥以及一艘船，它們很顯然代表了一個地理上的名詞，或是「一艘駛向大門的小船」這個短語。它的中間部分描繪了兩頭由馴獸師牽著獅子般的野獸，它們的脖子像蛇一樣纏繞在一起（由野獸的脖子纏繞而成的圓圈是用來磨碎眼狀的塗料）[16]。在它的下半部分描繪一頭公牛在撞倒設防的圍場圍牆時，腳踩了一個敵人的情景。

這個擺在我們面前的文獻，無論從整體上還是從具體情節上，都可以容許有多種不同的理解。對這些所描繪的事物所提出的一個重要疑問，無論它正確與否，是這塊調色板是否用來紀念上埃及的法老征服了下埃及這個事件，是否標誌著整個王國的聯合統一，是否能證明那爾邁與美尼斯是同一個人。對此至今還沒有明確的答案[17]。獵鷹把俘虜的北方人交給那爾邁王的圖像，實際可能象徵著把北部三角洲的土地奉送給上埃及的統治者。

有些人認爲，由魚叉和池塘的象形符號標明的那個主要俘虜，代表了以捕魚爲生的人的領域，而另外一些人則堅持認爲，那是牧人。在巡視戰場的行列中，法老頭戴下埃及的王冠，這可能象徵著他征服了三角洲一個叫做大門（Great Door）的邊遠地區，或是其首都布托（Buto）[18]。那兩隻脖子像蛇一樣纏繞在一起的獅子般的野獸可以被看作是北方和南方的統一，而那頭戰勝的公牛則象徵著摧毀了敵人一個軍營的那爾邁王。

因此這塊調色板可以解釋爲埃及南方征服了北方，或是構成這次戰役的一次史實，或是在南方征服了北方之後，對反叛者的鎮壓，也或者是法老戰勝其敵人的一個一般聲明[19]。這些就是我們對調色板上所描繪的事物理解不夠透徹而產生的模稜兩可現象。

當我們試圖去閱讀理解埃及文獻中的歷史內容時，在無數情況下，我們不得不會遇到這種模稜兩可的現象，我們就拿法老頭戴下埃及的王冠去戰場巡視這件事作個例子吧[20]，他頭上戴著那些被殺死的法老的王冠去看他們，是否意味著對他們加以傷害之餘，又進行侮辱呢？

我認爲那是那爾邁王正在訪問布托或是三角洲的一個邊遠地區，所以畫面上他頭上戴著專門爲下埃及的法老設計的頭飾就顯得很自然了。斯哥平顯然是那爾邁之前的一個法老，如果我們同意認爲刻在那個支離破碎的石質雕飾權杖頭的碎片上、位於法老頭戴下埃及王冠的刻像旁邊的名字是斯哥平，那麼後面的那種觀點就能站得住腳了[21]。在這種情況下，那爾邁就不會是第一個交替使用兩種王冠的法老了。

我們用如此長的篇幅對那爾邁調色板進行詳細說明是很合理的，因爲它說明了許多要點。法老的畫像相對於其他人來說顯得很大，這反映了法老的重要地位[22]。其他部分的繪畫顯示了預示太平盛世即將到來的典型埃及藝術特色，這可以從畫面上人的姿勢看出來，包括從側面看的人的頭、腿和腳以及從正面看的軀幹上部。

這塊調色板最具重要意義的是雕刻家極有造詣的藝術才能，以及高水準手工工藝，各個部分都設計得很完美，細節也都刻畫得很清楚[23]。這種高水準的手工作品促使了埃及歷史上最完美藝術的產生。

既然斯哥平、那爾邁、阿哈以及其他人都以率領軍隊與敵人作戰的形象出現，那麼那種認爲，上、下埃及在某一具體時間，完成了正式的統一觀點就有可能是錯誤的。在這些早期統治期間，法老凌駕於他的同盟者和反對者之上的權力，可能是透過一系列的聯盟以及連續不斷地發動戰爭而逐漸獲取的[24]。戰爭是人類權力與欲望的角逐，它雖給生產力帶來一定的破壞，但對上古文明的進化也可算是一種催化劑。而一旦聯盟最後完成，它就被認爲是君主統治的一個組成部分，爲王朝的建立者所信賴，並由他以後的每個法老加以鞏固。除去早期的國王卡或者塞肯（Sekhen），大家普遍承認的法老排列順序是：斯哥平、那爾邁、阿哈、哲爾、哲特、戴恩、阿內則布、塞謨赫特[25]。

第一王朝總共經歷了二百一十年，它似乎最先把都城定於南方的希拉孔波利斯（在當地發現有關斯哥平和那爾邁的文獻），然後又把首都向北遷移到阿比多斯。第一王朝第三大城市是沙卡拉，它是下埃及的城市孟斐斯的大墓地[26]。

從考古的角度來講，第一王朝留下來的遺跡是很多的。那爾邁王以及他以後的法老們，在阿比多斯遠離耕地的荒漠懸崖下建立了規模較小的陵墓。雖然這些陵墓的墓上建築不可能再重建，但它們可能都是由磚塊砌成的擋土牆構成的。在一塊祭板的兩側，各有一塊上面刻著荷魯斯名字的石碑或豎立的石板。在陵墓的四周，通常是一些隨從的墳墓，它圍成一個長方形。這些墳墓是朝中大臣和工匠們的埋葬地，規模很小，上面有蓋。絕大多數的墳墓都有一塊粗糙的石碑，上面刻有埋葬者姓名，有時還刻有他的頭銜或者職業。這些墳墓通常是由長長的水溝和圍牆與王陵分隔開來，而它們與王陵之間的距離又很近，這表明了埋葬是在某一時間同時進行的[27]。人們認爲這些大臣和工匠是被殺死或打暈之後被活埋的，這樣他們在陰間就可以繼續服侍法老。與法老埋葬在一起的還有他的妃子、小矮人以及豬狗等。

在這些位於邊遠荒漠中的陵墓和耕地之間，有一些大型的長方形建築，它們被認爲是爲國王而建的祭殿和貯藏室。這些地方也被盜墓者搶劫一空，所以在這種情況下，也就只能找到光禿禿的建築平面輪廓了。這些地方的建築物也可以視爲是法老死後用於貯藏糧食和其他必需之物的大倉庫[28]。這些建築物內部可能還包含了法老的宮殿模型，甚至還有爲他而建的眞正的靈堂，因爲在法老死後，人們繼續向他供奉物品和舉行宗教儀式來表示對他的尊敬。

在法老的墓地和他們各自的祭殿之間，沒有專設的通道。就像王朝一樣，這些祭殿周圍通常有成排的大臣墳墓。透過他們的雕像，法老在他死後亦神奇般地一直生活在祭殿內[29]。

阿比多斯是肯提—阿門提烏神（Khenty-amentiu）宗教祭祀中心，他的名字意思是「第一流的西方人」。他很快就與歐西里斯成爲同一人[30]。歐西里斯是代表新生和審判的神祇，他把他的名字假想爲一個稱號：歐西里斯即「第一流的西方人」。現已被夷爲平地的歐西里斯神廟是阿比多斯的主要建築物，是舉行祭禮和進行參拜的場所。在埃及最早的幾個王朝期間，對肯提—阿門提烏神的崇拜，也說明了早期王朝時期的重要宗教中心由希拉孔波利斯轉移到了北方。但是，在希拉孔波利斯，一個把荷魯斯和哈托爾作爲主神來祭拜的神廟，則香火鼎盛。在北方分布在沙卡拉、阿布勞瓦什（Abu-Rawwash）、吉薩（Giza）、赫爾旺

（Helwan）以及塔克汗（Tarkhan）的陵墓，也爲研究第一王朝提供了很好的資料。在這中間最主要的城市是沙卡拉[31]。

在荒漠的邊緣地帶，十五座氣勢宏偉的長方形墳墓，俯瞰著翠綠的山谷、孟斐斯城以及位於尼羅河另一岸的懸崖峭壁。從某種程度上來講，在這裡用磚砌成的陵墓就像是巨大的棺材。墓室一般是位於地底下，而放置大量陪葬品的分隔間則建在地上。在荷魯斯－阿哈統治期間的一座陵墓總共長約一百五十八英尺，寬約七十二英尺[32]。陵墓的北部一些建築物有小型複製品，其中有一些糧食和一個放置一艘木船的墓上建築。在同一朝代較晚的一座陵墓內，在繞牆四周的石凳上，陳列大約三百個陶製的公牛頭，這些由眞牛角裝飾的公牛頭，或者是用來保護陵墓不受邪惡鬼怪的侵擾，或者代表了王室的牛群。

在阿內則布統治期間，大臣奈比特卡（Nebitka）的陵墓有三面都可以出入，後來就用傳統的連續凹壁來加以遮掩。這個王朝的最後一個法老統治期間，一個名叫莫里卡（Merika）的貴族所建的一座陵墓北面，有一個面積很大的靈堂，內有許多小間，在西面的凹壁上有繪畫，就像框架上精心織成的紡織品[33]。這些凹壁的式樣，以及染以炫麗色彩的幾何圖案，使我們想起了現代的埃及，在穆斯林的齋戒期間搭起的多采多姿各式帳篷。

如果說那些位於阿比多斯的陵墓和祭殿的獨立功能得到了合理的解釋，那麼，那些位於沙卡拉的陵墓則體現了在同一建築物內，陵墓和祭殿兩者功能的一種結合[34]。在這些氣勢宏偉的建築物內，有許多價值可觀的陪葬品。現在我們最後的疑問是：建造這些陵墓的人是北方有權有勢的統治者呢？還是與北方的王族有聯繫的官吏？這些陵墓的建造時間，可以從酒罈的塞子上所加封的印記，以及貼在盒子、皮袋和其他容器上的木製或象牙標籤上得知[35]。在這些簡潔的文本中，除了有法老的名字之外，通常還可以找到負責監督建築陵墓的官吏名字（事實上，這個時期重要官吏的名字都只能從這些酒罈上加封的印記和貼著的標籤中得知）。既然這個官吏通常是管理王國的主要大臣，那麼他所建的陵墓就很有可能是他自己的[36]。陵墓的周圍也有附屬墳墓，這樣陵墓的主人就可以在死後，繼續得到他同時代的人的祭祀。

我們很少知道有關法老最親近的家族情況，阿哈的王后名叫奈特霍特普（Neithotpe）[37]。她可能來自北方的一個家族，她的婚姻可能象徵了北方和南方的聯合。女神奈特又以美爾奈特（Mer-Neith）的名義出現，美爾奈特是與哲爾、哲特和戴恩有關的一個重要的王后。她可能是哲爾的女兒、哲特的妻子、戴恩的母親。她也有可能是阿內則布的母親。

這個最早的王朝起源，既引起了我們的興趣，又使人捉摸不定，曼內托在文中引述，提斯（This）或稱特哲尼（Tjeni）是阿比多斯地區的主要城市，而且最初兩個王朝時期，通常被稱爲蒂尼斯時代[38]。前面已經提及，按埃及的傳統，在上埃及和下埃及曾有早王朝的統治者，而且每個地區可能有許多部落首領。在某一個時期，某一個統治者統一了上埃及的大部分地區，而另一個統治者則統一了三角洲的大部分地區。

第一王朝統治上、下埃及兩個地區。在早期的石質雕飾權杖頭和那爾邁調色板上有上埃及傳統的諾姆（Nomes），即地區的旗幟，這樣法老的政治中心就反映了透過相互利益關係而形成的幾個區域間的聯盟。不過，也有可能是由一些外來因素與內在因素的結合共同促成了第一王朝的建立。到古王國之初，上埃及大約有二十二個諾姆，三角洲地區透過再畫分以及加上新征服的地區，最後包括有二十個諾姆，其主要城市都位於通往地中海的水道上（由於三角洲地區河水定期氾濫模式，這些城市通常是在地理學意義上的「龜背」得以發展，那些地區在河水氾濫時期仍保持乾燥）。每個諾姆都因它的都城和邊遠地區而爲世人所知[39]。

各地區的神廟裡供奉著當地的神祇，而且各地的政治和宗教首領通常是同一人。他們建立政權的一個主要因素，是對分配灌溉水源具有組織方面才能。對於一個中央政權來說，對尼羅河的洪水進行適當的控制以利於灌溉農田是很有必要的，因爲建造攔河壩和一個運河網路都涉及不止一個社區[40]，但對這種簡單流域的灌溉管理，對人類文明的貢獻是有限的，要成爲東方專制君主也力不可逮。

雖然古埃及的尼羅河東西兩側有沙漠、南部也有荒地（而且水路交通又被巨大的花崗石所阻隔）、北面臨海，把它從其鄰國中孤立出來，但是我們都有古埃及與其鄰國之間頻繁交往的歷史資料[41]，在早王朝時代的最後一個時期的埃及大墓地裡，我們發現了美索不達米亞原的圓柱形印章，而這種圓柱形印章幾乎可以確定是起源於美索不達米亞。埃及的陵墓和祭殿內的凹壁建築可能象徵著從木製嵌板向磚塊的轉移，但它更有可能反映了在美索不達米亞的早期神廟中得以發展的建築模式。其中的一些藝術主題，都直接或間接地取材於美索不達米亞的原始資料[42]。那些脖子纏繞在一起的動物，在美索不達米亞南部的烏魯克地區的印章中就有描繪。

此外，前面所提到的，用各種象形符號來書寫以表達意思的這種方法，經證實早在底格里斯河和幼發拉底河地區就已經存在了。以上提到的這些因素都暗示，早王朝時代的埃及是受到來自美索不達米亞各種因素的影響，才得以發展的[43]。

然而，第一王朝的建立者卻不可能是外來的入侵者。當時有許多條路線都可以到達埃及，而來自美索不達米亞的大部分因素，都可以透過「貿易」這個概念得到解釋。那條通過巴勒斯坦和西奈半島的海岸線，是連接埃及和中東的傳統橋樑。還有幾條穿越東部沙漠，從紅海直到尼羅河河谷的商隊路線，其中最著名的一條叫做瓦提哈馬馬特（Wadi hm-mamat），它從現代尼羅河沿岸的庫阿（Qua）一直延伸到尼羅河離紅海最近的海岸上的庫塞爾（Qosseir）。沿著紅海海岸航行船隻，也有可能聯繫著埃及和中東。

埃及在第一王朝時期得到了迅速發展，這可以從陵墓建築和貯藏室中的陪葬品，以及埃及在尼羅河河谷以外的活動範圍中得以體現，我們對此都感到很震驚。在巴勒斯坦境內的泰爾蓋特（Tell Gat）出土了雕刻著那爾邁名字的陶器。我們可以從在努比亞境內發現的托什卡（Toshka）的一個陶罐塞子上，得知阿哈統治時期的一個名叫赫特（Heṯ）的官吏[44]。

在加巴爾薩克蘇萊曼（Gebal Sheikh Soleiman）的第二瀑布以南，蘇丹共和國境內布亨（Buhen）附近的壁畫，描繪了由哲爾領導的一次成功戰役，而且那裡可能還有斯哥平的名字，也許那些與陪葬品一起放置於沙卡拉的陵墓中的銅製工具也出自那裡，哲爾和戴恩都有可能派遣使節到西奈半島去，那些地區的居民很不友好[45]。在位於尼羅河谷的埃德福（Edfu）以東大約十五英里的沙漠中，一塊露出地面的岩石，上面刻有哲特的名字，此處後來有幾條通往紅海的商路。在位於阿比多斯和沙卡拉的一些陵墓中有一種敘利亞式的油罐，以及從黎巴嫩山坡上採來的針葉樹木。雖然這類象徵物極少，但它們卻向我們展示了埃及在古代與世界上其他地區之間聯繫的分布範圍很廣。

在帕勒摩石碑和相關的碎片上，以及木製和象牙標籤上每年的名錄中，少有對歷史學家有幫助的資料[46]，這些資料的記載，大部分是與宗教儀式（特別是那些週期性舉行的宗教儀式），以及慶祝宗教節日和進行人口清查（每隔兩三年就會出現一次）有關[47]。例如，上埃及和下埃及的法老出現在宗教儀式上，或者不常舉行的塞德節日慶典（Sed festival），它是一種歡慶佳節和慶祝法老復活的典禮。此外與研究歷史有關的事件很少提起，例如，在阿

圖 3-1　埃德福神廟　王惠玲攝

圖 3-2 埃德福神廟一隅 王惠玲攝

哈率領之下擊敗努比亞的軍隊並建造了一座城堡要塞，在戴恩的率領下擊敗伊翁提烏（Iun-tiu，即東利比亞人）等，卻很少引述[48]。而傾向於因其重要性而加以引述的清查資料，則對制定年表非常有用。例如，在帕勒摩石碑上就如下記錄了第二王朝尼奈特（Nyneter）統治時期的連續幾年：

第x＋5年：荷魯斯崇拜，第五次人口清查[49]。

第x＋6年：下埃及國王「露面」第二次索卡節日慶典。

第x＋7年：荷魯斯崇拜，第六次人口清查。

第x＋8年：第一次天上的荷魯斯崇拜、舍姆—雷和北屋兩座城市的拓建。

總之，只有小部分年代的名字得以保存下來，而在這些僅存的年代中，編纂者可能認爲宗教儀式更具有重要意義，因而把大部分的歷史大事略去不寫。早王朝時期的最主要發展，應該是埃及文化主體的形成。雖然自史前時期以來，繼續存在的地方性宗教和工藝傳統並沒有完全消失，但一個以一統王權爲主的意識形態已經逐漸形成，它包含了王權和神權的結合，而文字系統的發展，加上與宗教和王權配合的制式藝術風格[50]。統治者以發展統一的傳統概念，利用分配及控制各種資源的手段和條件，逐漸將埃及的國力凝聚，並且推向一個發展的高峰。

第二王朝

曼內托對王朝的畫分法有時顯得很武斷，似乎在什麼事都沒有發生的情況下，就把歷史分成兩段。但第二王朝的開始卻不像前面說的那麼回事，因爲在第一王朝末期確實有發生一系列變化的跡象。在卡統治之後，貴族們突然停止在北沙卡拉建造大規模的陵墓，但第二王朝在北沙卡拉以西又有些陵墓。看起來第一王朝的一些陵墓似乎受到徹底的盜搶，並被火焚毀了。而位於阿比多斯的王陵和祭殿則沒有一個是屬於第二王朝前半段時期的陵墓[51]。在第一王朝時期的石碗上，按傳統習慣，新統治者的名字是添加在原來統治者的名字後面，而有些器皿則刻有多達四個人的名字。

但是第二王朝的這些器皿中，卻沒有第一王朝遺留下來的名字，在那部分，保存下來的帕勒摩石碑文獻中沒有卡的年代日期，而在陵墓中找到的少數幾個器皿碎片，又令人遺憾地無任何啓發作用[52]。雖然《杜林王室正典》內沒有歷史被隔斷的記載，但看來在經過一段時間的動盪之後，有一個新的王室家族登上了王位。

王朝的這個變化引發了一個很有意思的問題。有資料表明，這時候在政治上進行重新洗牌的同時，在國家的宗教結構上也產生了新的變化[53]。這種新的政治組成是因爲宗教產生變化的一個原因?還是宗教變化引起的一個後果？（在第十八王朝時期，阿肯那頓的改革也引起了一個類似的問題）很遺憾的是，對這個問題我們現在還不能作出任何答覆。

這些新的統治者，似乎拋棄了位於阿比多斯的王族墓地，而把陵墓建在位於沙卡拉的第一王朝大墓地以南的墓園。這些第二王朝陵墓上的建築大都被毀壞了，但是後來考古學者又發現了兩組精心設計的陵墓建築，而且被認爲是屬於這個王朝前三個統治者中的兩個[54]。這個時期，在不降低王朝的神祇荷魯斯的地位的同時，又似乎把一個新的重點放在太陽神瑞上，再往後，王朝就又把一個重點放在荷魯斯的兄弟或叔叔塞特神身上。

第二王朝的最初兩個法老的荷魯斯名字，一個是霍太普塞刻莫伊（Hotepsekhemwy），這是兩個兄弟神的名字的結合，意思是「兩個有權力的人感到很滿意」，還有一個是瑞—內布（Re-neb），意思是「我的主人是瑞」。

第三個法老尼奈特慶祝了荷魯斯慶典，以及阿庇斯（Apis）公牛的孟斐斯遊行[55]，他又建成一個名爲「舍姆—瑞」的住宿區，意思是「瑞出沒的地方」。直到一個名叫柏里布森

（Peribsen）的法老統治期間，這個變化才眞正的趨於成熟。不同於他前面幾個統治者，在寫他的名字長方框架上面，他用塞特（Seth）鳥神，來代替鷹神荷魯斯的位置。

這個基本的背離，必定反應了政治或宗教上的一個進程，伴隨著這個變化，王族的大墓地重新遷移到了阿比多斯，柏里布森就在那裡建造了他的祭殿和王陵。在他後面的統治者似乎是荷魯斯－卡塞刻姆（Horus Khasekhem），意思是「有權力的人出現了」，這可以從希拉孔波利斯的文獻中得知。再往後的法老是荷魯斯和塞特－卡塞刻莫伊（Seth Khasekhemwy），意思是「具有雙重力量的人」，言外之意是，他受荷魯斯和塞特兩個神的雙重保護[56]。這是一個使兩個神話結合在一起的名字[57]。這兩個名字之間的相似之處，說明他們可能是名叫卡塞刻姆的同一個法老，他後來因爲政治或宗教的原因決定更改他的名字。

從第二王朝的歷史事件中蒐集到的資料並不多。當時國內的主要問題，顯然可以從荷魯斯名字向塞特名字的轉變，以及荷魯斯和塞特名字相結合體現出來的最後妥協上，反映出他的政治因素。要推測宗教背景中的政治原因或結果是很難的。現今對荷魯斯－塞特二分體的解釋是，荷魯斯是下埃及的代表，而塞特則是上埃及的代表[58]。塞特－柏利布森可能爲了保持南方的優勢，而對被征服的北方神祇進行不公正的詆毀。另一種可能是，柏里布森只控制了埃及的北方，而南方則被與他對立的法老控制了[59]。有關這個問題，各式各樣的複雜理論都得到了發展，其中有一種理論認爲，同一個人同時擁有上埃及的塞特－柏里布森和下埃及的荷魯斯—柏里布森兩個名字，那個時代是動盪不安的，卡塞刻姆記載了他打敗一個名叫貝什（Besh）的北方人（利比亞王子），他可能是記載在那爾邁調色板上，即很早以前被打敗的瓦什（Wash）的繼承人。那爾邁也曾經試圖通過武力征服以及和北方聯姻來達到統一埃及的目的[60]。

在出自希拉孔波利斯的兩座雕像的基部，用圖例描繪了一群戰敗的敵人，一座雕像上刻有四萬八千二百零五個戰敗的敵人，另一座雕像，則有四萬七千二百零九個戰敗的敵人[61]。在另一幅雕像上的碎片，法老站在被征服的敵人上面。

第二王朝隨著卡塞刻莫伊統治的結束而告終。他是埃及歷史上唯一一個擁有荷魯斯（Horus-and-Seth）名字的法老[62]。他的名字，也被刻寫在荷魯斯和塞特長方形框架內，意思是「兩個主人對他感到滿意」。這樣，這些名字就很清晰地表現了神祇之間的調和。在阿比多斯有一座爲卡塞刻莫伊建造的陵墓，卻沒有爲卡塞刻姆建造的陵墓，所以就像前面提及的，卡塞刻莫伊就有可能是從卡塞刻姆這個名字演變過來的，而其中卻只涉及到一個人。卡塞刻莫伊是第一個以他自己的名字出現在現代貝魯特（Beruit）附近的比布魯斯（Byblos），埃及神廟倖存物上的埃及統治者，亦有一個上面刻有柏布里森的名字的破碎的器皿也被認爲是出自該地[63]。在第二王朝末期，埃及似乎又重新取得了統一和繁榮。埃及的前兩個王朝所經歷的時間相當長，大約有四個半世紀。我們現在從天文學上通常認可的西元前一八七二年，即從第十二王朝的塞索斯特里斯三世在位的第七年開始算起，從這裡可以推算出第十二王朝開始於西元前一九九一年[64]。

根據《杜林王室正典》的記載，第十一王朝存在了一百四十三年，那麼我們就可以把第十一王朝的起始時間定於西元前二一三四年。如果說第九王朝和第十王朝的起始時間與第十一王朝相同，那麼《杜林王室正典》上記載的從美尼斯到古王國結束，其所經歷的九百五十五年再加上二千一百三十四年，就可以得出第一王朝的創立時間是西元前三〇八九年。既然我們從各方面可以估算出，第三王朝到第八王朝存在了大約五百年的時間，這就為第一王朝和第二王朝留下了長達四百五十多年的時間。雖然曼內托的記載中第一王朝的總年數為二百五十三年，而各個國王的統治時間相加為二百六十三年，但我們則慎重地認為第一王朝的幾個法老統治了大約二百一十年[65]。王表和同時代的一些文獻並沒有提供一個令人滿意的（第二王朝法老的先後順序）統治時間。曼內托記載的三百零二年的總年數顯得過多了，我們一般認為它存在了大約二百年的時間。

在對埃及的年表進行的所有討論中，這些數據是從不同類型的，且具有歷史價值資料上得到的。其中有統治者們眞正的年曆，有第十九王朝的《杜林王室正典》，以及被認為曼內托所編不夠精確的歷史遺稿。這些事實合情合理的假設和推測，為我們嘗試重整歷史資料提供了基礎，但新的史實和理解又可以完全改變這個畫卷[66]。例如，曼內托記錄了一段統治的時間爲七十一年，但這似乎是十七年的誤寫，那麼兩者之間就有了一個很明顯的變化。

第二王朝的前三任法老決定將他們未來的陵墓由阿比多斯移至孟斐斯，葬在南薩卡拉，現存其陵墓的遺跡只剩下長長的地下甬道，地面上的建築早已消失無蹤。相較之下，這個王朝的最後兩位法老法佩里布森（Peribsen）與哈塞赫穆伊（Khasekhemwy）則是葬在阿比多斯的皇家墓葬群。佩里布森被葬在一座小型陵墓中。考古學家在他的墓中發現兩座石碑，石碑上令人訝異的是將法老的名字與塞特（Seth）神的形象相聯繫[67]。而在哈塞赫穆伊巨大的陵寢中，考古學家已經發掘出部分陪葬品，其中有兩尊法老坐在王座上，身著皇家慶典服飾，頭上戴著上埃及白色王冠雕像。

社會、宗教、文化

古埃及一直是專制的中央集權國家，一切的權力都歸屬於法老，包括司法、行政、立法、宗教等，法老的王權還被神化，稱爲神王。法老之下有一套政府機構，包括中央政府和地方政府，對全國各地進行各方面的管理。中央政府最高官員是維西爾（Vizier），相當於宰相，其權力僅次於法老，但也是全方位的，對各個政府部門都進行監督和管理，如立法、建築、國防、國家資源調查和分配、徵兵、祭祀等等。維西爾職位重要，通常是法老從王公貴族中選出來的[68]。古王國時期一般由王子擔任，老法老去世後則可以由王子繼位[69]。古王國衰敗後，維西爾職務開始被非王族控制，並開始威脅法老的王位。

在中王國時期，首宗維西爾政變的情況發生了，阿蒙涅姆赫特取代了第十一王朝末代法老門圖荷太普四世登基，開創了埃及第十二王朝[70]。後來一些法老曾試圖削弱和分散維西爾的權力，如設置兩個維西爾等，但維西爾成爲法老的情況還是時有發生。

中央政府在維西爾之下設有司法部、財務部和軍事部等部門。司法部分爲高等法院和地方法院（諾姆法院），高等法院設一名院長，受維西爾領導，並由一些將領和祭司組成，主要處理危害國家安全的重要案件，例如叛國、盜墓、政變等[71]。埃及地方四十個諾姆各設有地方法院，對本諾姆的案件進行審理，國家的法律在地方是適用的。財務部設有財務大臣，負責國家財務相關事務，如稅收、國庫、土地丈量、外國貢品等，但後來在新王國時期財務大臣的權利逐漸轉移給內宮總管，使王宮的權力凌駕於政府權力之上。

地方諾姆的財務權則由市長（諾姆長）擔任，他們負責蒐集運送穀物和稅收，並直接向維西爾負責。古埃及的軍事部門也是不斷演變的，但在埃及統一的古王國時期、中王國時期和新王國時期，國家軍事是中央集權的，使法老可以有效的統全國之力進行軍事行動。另外，早在古王國時期，埃及就出現了管理武器、部隊補給和防禦工事的後勤部門——「軍械院」[72]。在軍事發達的新王國時期，軍隊則發展分科爲步兵、海軍、戰車部隊。

全國步兵分幾個軍區（稱「梅沙」），以埃及神祇的名字命名，一般擁有幾千人，之下設連隊、排、班等，層層組織。新兵一般從埃及和埃及的殖民地徵集，進行統一的訓練，退伍的老兵則受到政府的厚待，例如發放土地、奴隸和牲畜等。埃及還設有常備軍，主要負責法老和王宮的安全，相當於王宮衛隊。

古埃及人相信法老王是神的化身，有至高的權柄。顧問、書吏、官員必須執行他的命令[73]。埃及社會組織非常的完整而有序。王室由貴族侍奉，它是宮廷的中心，貴族之下有書吏、祭司和宮廷侍從。這些人之下是商人、工匠和士兵。除奴隸外，社會的最下級成員是農民和礦工。

在古埃及社會的家庭中，父親是一家之長，社會是按父系組成的[74]。但在家庭中，婦女地位很高，這是各地區婦女不能比擬的[75]。除了極少數例外情況，婦女不能擔任行政官員，不能做書吏，但可從事各行各業，她們能擁有財產，能夠主動提出離婚的要求。

埃及人堅信人死後復生，因此，法老王死後，被放置在金字塔的陵墓中，陪葬的是他在另一個世界生活必需品。然而與其龐大的外表相比，金字塔內部則略顯微小[76]。第一批的金字塔呈階梯狀，到了第四王朝之後，金字塔都是直邊的。

第五王朝和第六王朝金字塔內部墓室牆上的宗教作品，稱爲金字塔的正文，似乎能夠說明這樣設計的原因。在古王國，太陽神瑞是最重要的神祇。人們認爲法老來生每天乘坐瑞神的船在天空中穿行。金字塔正文（Text）講述了法老上天使用的「階梯」和由加強了的太陽光線形成的供法老王上天的斜坡。許多學者認爲，第三王朝的金字塔和後來「眞正的」金字塔，都是法老王死後使用的階梯和斜坡的巨大模型。儘管內部有許多防禦設施，但因陪葬有巨額財富，所有王室陵墓都被闖入和劫掠過[77]。這可能就是法老工們停止建造金字塔，而把自己埋葬在帝王谷祕密的岩石墓室中的原因。

埃及人以奇特的形式把他們的神祇描繪成戴有各種頭飾的人，長著動物頭的人以及動物，這種習俗似乎是在埃及早期歷史就已產生，那時每個城鎮都有一個地方神。有些神只是某個城鎮所特有的，如考姆翁布（Kom Ombo）陵墓的索比克（Sobek）鱷魚神[78]。另外一些神在埃及也很重要，如獵鷹頭的太陽神「瑞」，冥神歐西瑞斯（Osiris）以及導引亡靈的豺頭神阿努比斯（Anubis）。

有些神一開始是地方神，但後來，當以他們爲守護神的城鎮出名後，他們也就「升級」了。例如，在新王國時期，當底比斯成爲埃及的宗教首都後，阿蒙神變成了埃及的國神。

一個神不管多麼恭順，多麼輝煌，要想在繪畫中或作爲一尊雕像被承認，就必須有很強的視覺形象。一個明顯的辦法，就是把神和強壯的動物聯繫起來，最普遍的是公牛、公羊和鱷魚。動物本身並不被認爲是活著的神，但少數動物除外，如孟斐斯的埃皮斯（Apis），這頭公牛被認爲是活著的神[79]。到了埃及歷史的後期，人們才把整類動物看做是神聖的，例如狒狒和鳥被認爲是供祀托特（Thot）神的。

圖 3-3　索比克（左）　王惠玲攝

古埃及男人通常把頭髮剪得很短，女人的頭髮則留得很長，有時她們把頭髮藏在假髮裡。不管是男人還是女人，都很喜歡假髮[80]。到新王國時期，假髮變得特別大。比較窮的人大多數由流動理髮匠在田間爲其理髮。有些比較窮的人把頭髮留得很長，形成一個天然的帽子，保護頭部免受太陽曝曬[81]。促進頭髮生長的一個最流行的方法，是把狗瓜、驢蹄和棗核一起用油烹炒，然後用其擦頭皮。

不管是富人還是窮人，似乎總是把鬍子刮得很乾淨。這不像其他一些國家，如希臘和羅馬，時而流行刮掉鬍子，時而流行蓄起鬍子。

此外，埃及人有許多不同的書寫方式，最常見的一種被稱爲僧侶書寫體，由一系列簡單的單個符號所構成，可以很容易地用蘆桿筆寫在紙莎草紙或陶器碎片上[82]。

最著名的書寫形式是象形文字，在希臘語中意爲「神聖的文字」，它是在神廟、陵墓這類的紀念物上使用的文字。埃及人把這種書寫體稱爲「神的言詞」。它有很多個符號，基本上是描繪現實世界中的事物：人、動物、身體部位和傢具。每一個符號或是表音或是表意，這些符號用在一起構成了詞語和句子[83]。象形文字爲我們提供了古埃及日常生活的一個生動畫面。而埃及的繪畫作品，讓人一眼就可識別，但在現代人看來，作品中的人物形象顯得僵直、扭曲。這是因爲埃及藝術家並不是爲了繪畫而設法創作美麗的、現實的作品，埃及藝術的目的是爲宗教服務的，是因爲陵墓和廟宇而產生的。

埃及人相信，一幅繪畫作品或一尊雕像是有魔力的，能夠作爲它所代表的物品的替代物。人死後，「守衛靈」或靈魂在陵墓中繼續生存。「守衛靈」需要有一個家。保存下來的屍體是一個理想的家，但如果屍體腐爛，繪畫可提供一個替代的家。然而，繪畫必須盡可能完整，這一點極其重要。

此外，還必須有恰當的標題，說明雕像或繪畫的所有者是誰。爲了盡可能地顯示人體的各部分，身體被描繪一種奇怪的、扭曲的形狀[84]。藝術家們使用色彩缺乏層次，並不試圖增加明暗或強光效果。幾千年來，埃及雕像和繪畫的風格幾乎未成改變過。

古埃及文明是人類文明的五大發源地之一。古埃及人除以建築金字塔、獅身人面像及製造木乃伊而聞名天下外，還發明了許多對後世影響深遠的東西。古埃及的文化非常豐富，創造的象形文字對後來腓尼基字母的影響很大，而希臘字母是在腓尼基字母的基礎上創建的[85]。金字塔、亞歷山大燈塔、阿蒙神廟等建築體現了埃及人高超的建築技術和數學知識，在幾何學、曆法等方面也有很大的成就。

第四章

金字塔時代：古王國

古王國時期自西元前二六八六年至西元前二一八一年（傳說中的黃帝時代，即西元前二十七世紀至夏朝太康在位）[1]。

這個時期，埃及多方面文化經過一定程度的融合，達到歷史上的第一個巔峰，與後來的中王國時期和新王國時期相同，標誌著尼羅河文明的興盛。古王國時期從第三王朝至第六王朝跨越了四個王朝，第七王朝時王國開始分裂，相對的文化也呈現衰弱狀態，埃及很快進入到了下一個被歷史學家們稱爲「第一中間期」的時代。

古王國時期埃及的皇城首都坐落於孟斐斯，左塞爾曾在這兒建造了他的宮殿。這個時期最著名的產物就是那爲數眾多的金字塔，在當時被作爲法老皇陵。因此，古王國時期亦被稱爲「金字塔時期」。

第三王朝、第四王朝

第三王朝自西元前二六八六年至二六一三年，從奈特里克特（Neterikhet）到胡尼（Huni）共五位法老。第四王朝自西元前二六一三年至二四九四年，從斯尼弗魯（Snefru）

到舍普塞斯卡夫（Shepseskaf），共七位法老，包括著名古夫（Khufu）法老[2]。

金字塔的建造歷史跨越了十個朝代，從第三王朝到第十三王朝，歷經古王國、第一中間期和中王國三個時期，法老王不惜財力物力爲前任法老或自己修建金字塔。《金字塔銘文》中記載：「任何一位神祇，如果不替這個法老建造金字塔階梯，當這個法老升天時，他就不得享有麵包，不得享有陰涼，不得在澡盆中洗澡，不得嗅肉香，不得嘗肉腿，土地不得爲他而開墾，獻祭不得爲他而設。」[3]而這就是修造金字塔的內在動機。

金字塔時代處於早期王朝時代之後，而之所以這樣命名，是因爲遺存下來的紀念物是作爲王族陵墓的金字塔以及與之相連的祭殿。位於這個時代開始階段的第三王朝持續大約七十三年，它象徵著從早期王朝時代向金字塔時代的過渡[4]。而處於這個時代末期的第七王朝和第八王朝（一些學者認爲這兩個王朝屬於第一中間期），總共才持續了二十一年多一點的時間。古王國的核心階段，即從第四王朝到第六王朝（西元前二六一三年至西元前二一八一年）是埃及成爲世界文明的主要地區的時期。那個時候能與它抗衡的，只有位於底格里斯河和幼發拉底河流域的薩爾貢統治的阿卡德王國[5]。在大約四百三十二年的長時間裡，處於繁榮興旺階段的埃及，雖然它仍和世界各國維繫著貿易往來，但在國際舞台上基本仍處於孤立狀態。

在埃及歷史向前發展的過程中，歷史記載幾乎與史實相違背的本性，在這個階段比埃及發展史上的其他任何階段，都表現得明顯。諸如法老的先後順序、他們在位的大概時間、他們的家族、逐漸被人們注意的官員名字以及他們的職位、一些王室頒布的政令、氣勢宏偉的金字塔建築群、取自建於陵墓上的王室和私人祭堂裡的供像小室的圖片和文本、派往國外的商貿使團和邊界地區小衝突、在小亞細亞或克里特島發現一件孤立的埃及物品，以及在塞普路斯和西奈半島埃及神廟中謝恩奉獻物等等，所有這些都是歷史學家們必須致力於研究的事物[6]。

從而我們就能知道一點有關王權和王國的行政管理機構的本質內容，特別是從第五王朝末期和第六王朝開始，有內容廣泛的金字塔神廟圖景和平民的馬斯塔巴墓（Mastaba）浮雕[7]。在進行研究古埃及的時候，我們意識到有些圖像重複出現，而且一次比一次模糊不清，一次比一次不完整。我們處於廣闊的時間、空間和思維的移動之中。從那些被盜搶的墓地和倖存下來的神殿中，所反應出來的埃及古代文明的寫照，必然被極大地歪曲了[8]。我們有一些寫照，例如在田間耕作的農夫以及所種植的穀物，但這是從一個藝術家在其主人陵墓內祭堂的牆上所描繪的情景中取得的。在其中一幅圖景中，一個農夫嘲諷地對他懶惰的同伴說道：「我們還不知道有誰在工作的時候死去。」其中的細節是事先經過挑選的，而且有可能是那時已存在了幾個世紀之久的模式圖的一個再造品[9]。然而我們的任務是進行更深入的研究，並盡可能對當時埃及社會各階層的經濟的相對繁榮作出分析。而且我們必須經常進行修改，因爲事實上我們這麼多的資料都來自陵墓而不是平民百姓的家庭。出自墓地的商業契約、信件以及其他通訊聯繫，都自然而然地與禮拜祭祀活動有關。

如果我們仔細觀察一下有關出售房屋的文件，它就有可能也涉及到墳墓的出售。在寫給一個死去的親屬的信件中，也有可能要他去和一個死去的敵人家屬進行交涉，因爲那人打擾了活著的人，並被認爲他應該對寫信的人所遭遇的災難負責。

在金字塔時代，埃及王國是由一個神化了的法老所統治的。我們也許很難理解神化了的法老這一概念。但關於這點都是證據確鑿，毫無疑問的。「Nuter」和「Natar」這兩個術語以往是用來稱呼神祇的，這時候也用於法老身上。法老被稱爲「完美的神」（The Good God，Good 也有無或圓滿的意思），而一個眞正的神祇則被稱爲「偉大的神」（The Great God）【10】。王后被認爲是神的妻子。

哥普特語譯成的《舊約》和《新約》中，對神也採用同樣的稱呼。法老作爲一個神祇代表他自己治理整個國家，他在本質上不是按照百姓的或神靈的意志，而是透過已設定的原則條款來進行統治。這個包括一切的原則叫做「瑪亞特」（Maat），是有序、公正和眞實的意思【11】。有時法老與神祇世界之間的聯繫在本質上是契約性，是純粹建立在交易基礎上。

法老爲眾神建造神廟、供奉物品，作爲交換條件，神靈們則維持著國家的安全、法老權力的延續性以及幾乎是附帶性的人民的安居樂業，既然法老被認爲是根據「瑪亞特」來統治國家的，那麼他就不可能犯錯或行凶作惡[12]。因爲宗教和埃及王國的社會結構緊緊地交織在一起，所以我們很難孤立地看待它[13]。値得注意的是；埃及語言中沒有宗教這個語詞，因爲在埃及的用詞中，這個概念是不可理解的。然而在埃及語言中卻有祈禱、供奉神祇、謙卑以及包含其他廣泛內容與倫理和宗教有關的具體概念。

在智慧文學中，特別是後來的發展階段中，「眞正的沉默的人」（The Truly Silent Man，與 Hothead 意思相反）這個思想占據了主導地位[14]。其中說道法老被眾神所鍾愛，眾神熱愛人類，但其中卻沒有人類愛戴神的論述。就埃及人的心理狀態來說，宗教所起的作用就像重力的物理規則對我們所起的作用一樣。它包括對世界形成的理論解釋，而我們則認爲其中的許多內容是互相矛盾的。但是埃及人所特有的思維方式卻認爲所有這些觀念都是正確的。這是一種寓於簡樸之中的繁雜，這些觀念存在於樸素的思維之中，永不被遺棄。荷魯斯是塞特的兄弟，然而在相同的文本中，卻又說塞特是荷魯斯的叔叔。國王是太陽神瑞（Re）的兒子，然而他又是歐西里斯的兒子荷魯斯的化身[15]。「然而」這個詞，是現代用來表示古人認爲不相矛盾而我們認爲自相矛盾的事物的。

金字塔和馬斯塔巴墓的概念與國家的概念差不多。高於河谷的金字塔巍立於沙漠平地上[16]。從這裡沿尼羅河往上、往下以及尼羅河另一岸幾英里的地方都能看見這些金字塔。金字塔是古埃及國家興盛和君主專制權力的永久性象徵。它象徵著埃及法老的靈魂升向天堂的斜坡或梯子。在金字塔基部有一個用於祭祀和供奉的神廟，那裡是官員和勞動者忙碌工作的場所。

作爲土地的擁有者和主要的僱用者，金字塔是古埃及經濟力量的展示。圍繞金字塔平頂斜坡低矮的長方形墓上建築，就像許多位於現代公墓中的墓碑，這些是法老寵愛的大臣的馬斯塔巴墓（Mastaba tombs），一種長方形的平頂斜坡墳墓和墓中的神壇靈堂，這樣大臣在死後就能如同生者一樣圍繞在他們的君主周圍。金字塔和最大的馬斯塔巴墓相差很懸殊，這反映出了法老和官吏之間的相對重要性[17]。直到古王國末期，隨著在法老的金字塔附近王后們的小金字塔的建立，才減少了兩者之間的巨大反差。然而，隨著時間的推移，金字塔的體積漸趨縮小了，而馬斯塔巴墓的體積則增大了[18]。

在考古學的記載中，曼內托和《杜林王室正典》所暗示的第二王朝向第三王朝的過渡顯得很平穩。也許由於缺少一個男性的王位繼承人，使得卡塞刻莫伊的一個女兒嫁給一個北方人，或者也有可能是第三王朝的最初幾個法老是他的王后奈瑪亞特哈普（Nymaathap）的兒子。同時期的文獻和王表之間很難取得一致，法老的數目以及他們的先後順序，與他們統治的時間長度一樣，都不能從王表或者他們的眞實紀念物中得到確切的答案。從王陵上可以斷定，自第三王朝的開始到古王國的結束，王權一直集中於孟斐斯[19]。第三王朝的最初幾個法老開闢了一些綠松石採石場，他們也許還在西奈半島進行銅礦開採。

第三王朝的光芒完全被第二個統治者荷魯斯—奈特里克特（Neterikhet）所遮蔽[20]，他後來被稱爲左塞爾（Djorser）。他的前一位國王是他的兄弟荷魯斯—薩那赫特（Horus Sanakhte）[21]。左塞爾後一位國王是荷魯斯—塞刻姆開特（Horus Sekhemkhet），再往後是荷魯斯—哈巴（Horus Khaba），然後是胡尼（Huni）。左塞爾和塞刻姆開特在沙卡拉建造了梯形金字塔，而稍往北的一座夾層金字塔則被認爲是由哈巴建造的。胡尼建造的也是梯形金字塔，但後來卻改建成了一座眞正的金字塔，位於美杜姆（Medum）[22]，它是由第四王朝的建立者斯尼弗魯（Snefru）最後建成的[23]。如果這座金字塔不是他自己的，那麼認爲它屬於他前面的法老的推測是符合邏輯的。

從沙卡拉空中所拍攝的照片上，可以看到大體屬於這個時期的兩座未出土的金字塔群體建築，它們可能屬於另外的法老，其中有一個可能是薩那赫特。左塞爾在赫里奧波利斯（Heliopolis）建造的一座神殿，反映了當時高水準的浮雕工藝以及王朝與北方人之間的聯繫[24]。在南方，托勒密王朝時期的一塊取自第一瀑布的塞赫爾島（Sehel）的石碑，反應了左塞爾與這個地區密切交往的傳統。在這個地區還發現了胡尼的一塊石碑。

左塞爾在歷史上的地位是建立在他所建造的陵墓及相關建築物上。他的陵墓的外面有一個長方形的圍牆，其周長超過一英里，它的主要建造者印和闐（Imhotep），在以後被認爲是一個偉大的聖賢和醫生，後來更成爲古希臘羅馬神話裡的埃斯庫勒匹厄斯（Aesculapius），亦即「醫神」。他是古埃及的高官，職位相當於今日的首相；他就如同埃及的達文西，是埃及有歷史記載以來的第一位天才。[25]

這座巨大的階梯金字塔建築現已出土，並部分得到了修復。它令人感到吃驚和興奮，同時又使人感到迷惑不解[26]。我們已經從設計的內容上，對這個建築工程四個要素進行了研究。第一個要素是王族墓葬地的產生，以位於金字塔地下的長方形花崗岩小室，和位於南圍牆地下與前面類似的較小的正方形小室爲代表。第二個要素是在兩個建築中的地下部分，作爲法老擺放祭品、貯藏穀物以及石刻器皿的隱藏所。第三個要素是位於圍牆內，精心設計的一系列帶有宗教色彩的各式建築物（其中沒有一個是有實際效用的）。我們至今還不明白這個立體的建築物是爲了眞人進行演出而構想的呢？或是一個爲來自靈魂世界的演員而建造幽靈舞台？第四個要素與前一個問題有關，那就是眞正的建築物進口處的柱廊以及位於金字塔北邊的爲了永久祭拜法老，而建造的雙重神廟或宮殿的用途[27]？這個巨大的奇妙建築似乎確實是爲了以後被遺棄而刻意建造的，它遺留下來只是作爲一個供死去的法老，以及與他有聯繫的神祇作爲私人使用的世俗城鎮。

在標準的古王國金字塔建築群中，只有第一個和第四個要素能在建築物中得以體現，那就是爲下葬和祭祀所做的準備和供應[28]。那些地底下的小室和貯藏室則都不存在。而那一套空設的劇場建築則只是神殿內的浮雕所暗指的附屬事物而已。

圖 4-1 位於沙卡拉的左塞爾陵墓群中，六層階梯式的金字塔 王惠玲攝

而那些在左塞爾金字塔建築群的建築方案內，得以體現的主題，從我們能夠力求對它們進行部分修復的角度來看，比以後的金字塔群體建築內容要豐富得多。

在第五王朝，每個法老都有一系列類似的金字塔和太陽神廟。總的看來，這些各自獨立的建築物，可能是那些共同存在於梯形金字塔圍牆內，統一體的主題發生兩極分化的表現[29]。在階梯金字塔內的庭院中可以看出對塞特節日的宗教儀式的重視，而這一點卻很明顯地在第五王朝的奈烏塞勒（Neu-Serre）太陽神廟內的浮雕上得以證實[30]。位於階梯金字塔內巨大的北祭壇，也相映了奈烏塞勒太陽神廟的主體方尖碑（Obelisk）。

從建築的技術角度來看，金字塔群體

建築實現了用石料代替磚塊、蘆葦和樹枝進行構築的一個令人吃驚的轉變。這是一種透過嚴肅的主題、巨大的建築體以及在用石頭這一材料進行構築時，所內涵的激動而形成的表現主義，這是一種內涵高貴氣質的絕技。然而這一構想並不算新奇。例如那些虛設的建築物就是我們所見的第一王朝位於北沙卡拉的馬斯塔巴墓系統中的一部分[31]。而且我們可以推斷出，在現已遭破壞的第二王朝位於沙卡拉王陵的墓上建築內，有一座神廟和虛設的建築物[32]。

但是，階梯金字塔建築所富有的創新精神方面，都是建立在它的具體構造上，而不是透過設計圖，把正方形的平頂斜坡建築，改成一個六級階梯形的金字塔[33]。金字塔這一傳統建築很具有開創性，因此很難模仿。在階梯金字塔西南面的塞刻姆開特（Swkhemkhet）金字塔就沒有竣工[34]。

在第三王朝末期哈巴（Khaba）的磚石建築結構金字塔雖然也很有新意，但是這一建築物遭到了破壞，而且它明顯缺少一個帶有附屬建築物的圍牆，因此這個例子就顯得粗糙些[35]。而對建築技術的控制和探究，則只有在喬塞爾的紀念物中才表現得淋漓盡致，具體表現在帶溝槽的成束狀圓柱、柱腳和柱頭（位於北樓的紙草花狀的柱身和柱頭），虛設的橫樑末端在圍牆上的影子，凝固在墓室中的敞開的大門，用石頭雕刻而成柵欄，以及梯形金字塔許多顯著的特色。

在它的構造中，包含體現神化了的法老，要求他的臣民舉行崇拜儀式這個內容。它具有

圖 4-2 階梯金字塔及狂歡中庭 王惠玲攝

圖 4-3 左塞爾墓葬群 王惠玲攝

多方面複雜的功能，其中就涉及到靈魂演員和無數次的節日慶典的重複出現[36]。在原先正方形墓上建築的基礎上，經過擴建和數次的翻修，最後形成了一個通往天堂的斜坡或階梯，這是階梯金字塔的最主要特徵。在這個整修過的金字塔內，到處流露印和闐（Imhotep）運用石料方面的天才，而它的原型則是由磚塊以及輕型原料構築而成的[37]。

那個時期，有一座馬斯塔巴墓值得一提，那就是一個名叫海西瑞（Hesy-Re）的書吏和大臣位於沙卡拉的墳墓旁。在他的那些頭銜和官職中，有一個是首席牙醫生。在他的馬斯塔巴墓東部一個封閉的通道一邊，畫有他的陪葬品，內有油、椅子、桌子、床、遊戲板、盒子等。我們能看到盒子內的東西，就像是處於X光底下。通道的另一邊有十一個用木板鑲嵌的壁龕，在這上面顯示了海西瑞拿著書寫工具站著和坐著的情景。從這些壁龕上所表現出來的藝術才能，在以後朝代中皆沒有超過。

金字塔時代在第四王朝到達鼎盛期。第五王朝、第六王朝的統治者亦都建造了金字塔。我在這裡強調那些陵墓和平民墓地可能顯得沒有根據，然而我們有關這個時代的絕大部分的信息，正是從這些建築物及其周圍的馬斯塔巴墓中得到的[38]。而關於阿比多斯、赫利奧波利斯和孟斐斯神廟的情況，我們也無據可考。

在討論具體的紀念物之前，一座標準金字塔建築群體的基本因素，是有必要深入理解。其中最主要的因素是金字塔本身。它最初是由一座梯形金字塔，在每一面的階梯之間都用碎石填滿，形成了一個光滑平直的表面而發展起來[39]。在金字塔內部或地底下有一間單一的墓室或一組墓室，它們是由一條矮頂的下斜通道與外面相連。法老被埋葬在主墓室裡的一個石刻箱子或石棺內。

從第五王朝末期起，這些墓室的牆上就刻著有關法老在世時的人生歷程、宗教銘文和符咒。我們可以想像出在這之前的金字塔內，這類文字是保存在紙草上的。金字塔的作用有兩個方面。首先，它象徵著法老的權力以及法老與太陽神之間的關係。其次，它是法老的最後安息之處[40]。在法老被埋葬之後，通道就被堵塞了，而它的入口則被遮蔽起來，其目的是為了保證墓地的完整，永垂不朽。

在金字塔之後最重要的設施，就是位於金字塔塔基以東面向河谷的神廟。它包括有一個位於金字塔附近的密室部分，裡面有一塊石碑以及一張向死去的法老供奉物品的石製供桌。從浮雕裡，可以看到法老接受他的庭院裡的供奉物品，他的靈魂走出了金字塔，與聚在一起的眾神相會情景[41]。這個神廟的較大部分內，有一個四周有迴廊環繞的露天庭院，在它的西北部還有一個祭壇或供桌。

這個庭院及其周圍的一排小室，是作為對死去的法老持久地進行祭拜的場所。其主要特色是在法老的雕像前舉行使法老再生的宗教儀式。圍繞在金字塔和部分神廟周圍的是一道長牆，它在金字塔建築群的東部被神廟隔斷。在圍牆內有一座附屬的小金字塔，它可能是埋葬法老的靈魂（ka）或王冠的地方。在圍牆外面是爲主要的王陵而建的一些小金字塔[42]。在這些小金字塔的東面，也有相應的小神廟，內有供桌和作爲假門的石碑。

牆的外面，還有法老統治時期的主要官員以及他們後代的馬斯塔巴墓。從位於金字塔東邊的享殿（殮房）（Mortuary temple），往下直到河谷有一條被稱爲「通道」（Causeway）的長長小道。它的牆壁是石製的，而且有頂。在許多情況下，在這條通道的兩頭以及整條通道上，都用玄武岩浮雕加以裝飾。在通道的盡頭，有一座作爲金字塔建築群入口的小神廟[43]。它有一個沿著運河登陸的階梯，在那裡停靠著送葬隊伍的船隻。

在神廟內進行爲法老下葬作有關準備的宗教儀式。在神廟的頂上還可能建有保存屍體、防止屍體腐爛的臨時帳篷。在這座河谷神廟附近，有供建造金字塔的人住屋。此處實際上是金字塔的一個附屬城市，居住者有官吏、祭司、書吏、財務人員、實地測量人員和勞工。

第四王朝的建立者斯尼弗魯（Snefru）似乎建造了三座規模巨大的金字塔。他的第一座金字塔位於美杜姆（Medum）。這是一座由階梯金字塔改建而成的眞正金字塔。有人認爲這是第三王朝的最後一個統治者胡尼的金字塔，但是在遺址內部沒有任何留有他的名字痕跡。位於金字塔以東的享殿結構極其簡單，沒有祭堂所有的設施，也沒有露天庭院和祭壇。但是這一建築卻以它的兩座雙人馬斯塔巴墓而聞名於世[44]。第一座墓是屬於尼弗爾瑪亞特（Nefemmat）和他的妻子阿提特（Atet），以其墓內所畫鵝的圖案而聞名。第二座墓是埃及軍隊的統帥拉霍特普（Rehotpe）和他的妻子諾弗拉特（Nefret），以其墓中色彩保存完好的一對巨大坐像而聞名。

斯尼弗魯的三座金字塔中的第二座位於代赫舒爾（Dahshur）的彎曲金字塔，代赫舒爾位於美杜姆和沙卡拉之間。這座金字塔建造到一半高的時候，斜面的角度突然改變了[45]。這可能是由於建築工程遇到了困難。使得金字塔內部出現了許多裂縫。由此暗示我們，用較小的角度以及相應的重量較輕的石頭來建造，可能挽救了這一工程。也許經過這次失敗以後，眞正完善的金字塔出現了。[46]

位於金字塔以東的享殿與這以後的金字塔神廟相比，顯得很樸素。一條通道從圍牆一角附近的一個地方，一直通到一個地勢較低的神廟，它通常被認爲是河谷享殿[47]。但是，這個神廟內部的設計以及它離河谷還有一段距離的地理位置，都表明了它可能是與祭堂在功能上是互相對應的，而眞正的河谷享殿則還在尋找中，可能是位於一直往東的地方。

這座神廟以其內部的浮雕而著稱，其中一幅浮雕刻畫了一系列擬人化的埃及各個諾姆的農莊進貢行列，每個農莊都有爲祭拜法老而準備的農產品。這些農莊或種植園都按各個諾姆分列，按照傳統的先後順序排列。很奇怪的是，這座金字塔有兩個很明顯的墓室。一個像一般的金字塔一樣，從北邊的入口進去，而另一個則是從兩邊的入口進去。後者有一個木造障礙物，並用石頭填塞[48]。在帕勒摩石碑上有一段文章記載了法老可能從黎巴嫩採購木材的情況，而在這個金字塔內的這塊木料可能就是透過這次採購得來的。這種雙重結構的意義對我們還是一個謎。有人很單純地認爲這兩種斜面角度，可以延伸爲代表兩座互相疊加的金字塔，每個金字塔都有一個墓室。

斯尼弗魯的第三座金字塔，是位於代赫舒爾的北金字塔，它在彎曲金字塔以北大約一英里的地方。北金字塔的斜面角度與彎曲金字塔的上半部分較緩和角度一樣。這似乎是建築師們爲了避免像早期的金字塔一樣奇怪的結局，而決定不再使用那種較陡一些的角度。但是它還是和所有的金字塔一樣，在埃及古代就已被盜，而且其內部有許多較精緻的石製器具也被搬走了[49]。在金字塔東面的神廟、通道以及河谷享殿至今還未挖掘出來。

斯尼弗魯被認爲是一個仁慈寬厚的法老而聞名。在以後的幾個世紀裡，人們仍繼續在彎曲金字塔的享殿內爲他舉行崇拜慶祝活動，而且中王國時期的敘事文學對他也推崇備至。

上埃及和下埃及的法老荷魯斯—美哲杜（Horus Medjedu），即克努姆庫夫伊（Khnum-khufwy），亦即眾所周知的古夫（Khufu）或賽奧普斯（Cheops）繼承了他的父親斯尼弗魯的王位，並選擇了吉薩（Giza）附近沙漠與綠洲交接處，作爲建造最大金字塔的地方。雖然它最顯著的特徵是它那獨一無二巨大的幾何體形狀，但是金字塔內部向上斜的通道以及大門廊，卻顯示出了建築上一個神奇傑作。這座金字塔高達四百八十一點四英尺，台基的邊長

圖 4-4　吉薩（古夫王）金字塔　王惠玲攝

爲七百五十六英尺，占地面積爲十三點一英畝[50]。在建造這座金字塔的時候，先是建成了兩間其他的墓室，然後才建造了最終埋葬國王的墓室。我們雖然能辨認出其中享殿的平面設計，但是通道以及河谷享殿，則被埋葬在建於這個地方的一個現代村莊底下。

斯尼弗魯的王后，也就是賽奧普斯（古夫）（Che-ops）的母親黑特菲拉斯（Hetepheres）的陵墓在她兒子在世時就已被盜。包括空石棺在內的陪葬品被祕密地重新埋葬在大金字塔附近，但它上面卻沒有墓上建築標明其位置[51]。波士頓美術館的一個考察隊發現了這個地方，並對它進行了挖掘。它裡面有王后的坐輦、一張床以及一個輕便的帳篷架子。這些物品都是用木頭做成的，上面鑲嵌有金葉子以及用象形文字刻寫的王后頭銜和名字[52]。值得懷疑的是，在墓地進行重建以後，官吏們是否告知法老，有人爲了取得上面的珠寶而把她的屍體盜走這件事呢？

有關賽奧普斯（古夫）普斯統治時期的歷史資料，一點也沒有保存下來，然而希羅多德卻把他描述成一個殘暴君主。在中王國時期，位於埃爾利什特（Ellisht）的一座金字塔內的許多建築物，都沿襲了他的金字塔神廟建築構造[53]。

在經過二十五年的統治之後，賽奧普斯（古夫）的王位被勒吉德弗（Redjedf），即代德夫拉（Djedefre）所繼承。他仿傚先例，在遠離他之前的法老金字塔地方，建造了一座金字塔。位於吉薩以北的阿部勞阿什（Abu Rawash）的一座未竣工的金字塔，被認爲是在他的短暫統治期間建造的。他的王位繼承人卡夫拉（Khafre），即西弗瑞（Chephren）在吉薩賽奧普斯（古夫）金字塔的南面建造了一座金字塔[54]。這座金字塔高達四百七十一英尺，塔基邊長爲七百零八英尺[55]。它並不比大金字塔遜色。

由於地形的關係，它在外觀上幾乎可以與大金字塔相提並論。其中享殿的輪廓，以及相當一部分河谷享殿和通道都得以保存下來。這座內有整塊石料構築而成的紅色花崗岩柱子和楣樑的河谷享殿，至今仍然給人以深刻的印象，在裡面還發現了幾尊閃長岩石雕像。位於河谷享殿附近的一塊天然露出地面岩石，經法老的雕刻家雕刻，變成了一尊守護河谷享殿的思芬克斯（Sphinx）[56]。這一名聞遐邇的獅身人面像遺址至今還存在。除了這些之外，有關西弗瑞統治的其他情況就鮮爲人知了。

他死後，王位可能是由他的一個或兩個兒子，霍爾德夫（Hordedef）和巴伊弗勒（Buefre）繼承，但是即使他們眞繼承了王位，他們的統治時間也很短。

下一個重要的法老是夢卡夫拉（Menhaure），即麥凱林努斯（Mycerinus）。他是位於吉薩的第三座金字塔的建造者。如果說他不想在建築規模上占優勢，那麼他一定有意在使用原料方面超過其他的金字塔。有關這一統治時期的歷史紀錄也很少[57]。我們在其河谷享殿中發現了一尊孟卡夫拉法老和他的王后雕像，還發現了幾尊由法老孟卡夫拉、一個神祇和埃及某個諾姆化身三者結合而成的雕像。

在孟卡夫拉死時，金字塔的建造規劃與之相關的內容發生了變化，至少是暫時發生了變化。在位僅五年的法老舍普塞斯卡夫（Shepseskaf）則在吉薩和沙卡拉以南，爲他的王陵建造了一個讓人印象深刻的長方形石棺狀墓上建築[58]。

這也許因爲從金字塔中得以表現對太陽神瑞的崇拜，在這個時期減少了許多，或者是因爲這個時期的經濟狀況不景氣，無法負擔規模如此巨大的工程。然而除了它的外形，舍普塞斯卡夫金字塔建築群體仍然和傳統金字塔基本一樣，有神廟、有通道、也有一個或兩個河谷享殿[59]。在舍普塞斯卡夫的一個或兩個繼任者統治之後，由斯尼弗魯建立的吉薩金字塔建造者們的王朝，在經歷了大約一百二十年後，趨於終結。

綜合上述的析論，可知埃及在第四王朝時期，最熱衷於建造金字塔，法老王最欣賞的墳墓式樣，是以巨石砌成高大的金字塔[60]，拿破崙曾經命人計算過：用三座金字塔的巨石，可以在法國國境四周建造一道高三公尺、厚三十公分的圍牆[61]。如此異乎尋常的體積，難怪會引起各種各樣的揣測了。

第五王朝、第六王朝

第五王朝自西元前二四九四年至西元前二三四五年，從韋塞爾卡夫（Vserkaf）到烏尼斯（Unis），共九位法老。最著名的是薩胡爾（Sahuie）和吉德卡雷、伊塞西（Djedkare Isesi）。第六王朝自西元前二三四五年至二一八一年，從泰提（Teti）一世到王后尼托克利斯（Nitocris）共七位國王，包括佩比一世和活了上百歲的培比二世。[62]

在第五王朝，一個新的家族的統治者登上了王位。在傳說中也從多個方面反應了這個變化。但是埃及文明發展的主線卻沒有被打斷，埃及的官僚政治也沒有很大的劇變。然而對瑞神崇拜的強調，卻顯然比以往更突出了[63]。主張金字塔角錐體的人們，是爲了突出對太陽神瑞神的崇拜，因爲瑞神的標誌是太陽光芒。角錐體的金字塔象徵的就是刺破長空的太陽光芒。

因爲，當你站在通往沙卡拉的道路上時，在金字塔棱線角度上往西方看，可以看到金字塔像灑向大地的太陽光芒。《金字塔銘文》中就說：「天空把自己的光芒伸向你，猶如瑞神的眼睛一樣」。[64]

有關第二中間期的一卷紙草內，記載了賽奧普斯（古夫）的兒子向他講述有關以前的術士的故事[65]。其中最後一篇故事是有關當時的一個術士。他預言賽奧普斯（古夫）家族統治，將在瑞（Re）神的一個祭司的妻子生下三胞胎之後結束。故事中還講到了克努姆（Khnum）神以及爲那三個嬰兒取名的生育女神。而這三個名字顯然是第五王朝最初的三個統治者，韋塞爾卡夫（Vserkaf）、薩胡爾（Sahure）和尼弗爾伊卡拉、卡凱（Neferirkare Kaki）的名字有關。這個故事以一條鱷魚抓住一個正要去告知法老這些事結尾的女僕。從歷史學的角度來看，它證實了新的國王與賽奧普斯（古夫）的王朝無關，且新王族的祖先是太陽神瑞的一個祭司。

第五王朝的第一個統治者韋塞爾卡夫，沒有把他的金字塔建在吉薩第四王朝的金字塔和馬斯塔巴墓林立的沙漠邊緣，而是在沙卡拉左塞爾的梯形金字塔的附近建造了一座簡樸的金字塔[66]。位於金字塔東邊的小祭堂從那個較大的祭殿中分離出來，而祭殿則很不尋常地位於金字塔的南邊，這也許是爲了能在一天一部分的時間內，得到太陽光的照射，也或許只是爲了充分利用那塊地方。在金字塔以北幾英里的地方，韋塞爾卡夫爲那個與他關係格外密切的太陽神瑞，建造了一座規模巨大的神廟。神廟的中心建築顯然是一個方尖碑，從第五王朝之後它的高度愈來愈高，甚至超過金字塔的高度，象徵太陽神崇拜的重要性超越了法老。[67]在它的周圍還有供奉神靈的庭院、通道以及河谷建築物。第五王朝的奇蹟是每個法老都建造了一座金字塔建築群體和一座太陽神廟綜合建築[68]。就像法老是一個神祇一樣，太陽神瑞是統治世界的法老，因而也要求有埃及法老所有的裝飾物。

太陽神廟中表現出來的這一建築奇異思路，也許是從位於梯形金字塔圍牆內，北面部分的祭壇中得來的。這座太陽神廟也許與一篇短文中有所記載與左塞爾和塞刻姆開特同時期的一個人所建造[69]。總之，我們還不知道建造這些王族太陽神廟的具體意圖，也不知道這些太陽神廟與現已不存在的赫利奧波利斯、阿比多斯和其他宗教地區大神廟之間的關係。

繼承韋塞爾卡夫王位的薩胡爾以及第五王朝的尼弗爾伊卡拉、卡凱和尼烏舍勒（Neuserre），他們在韋塞爾卡夫太陽神廟以南的阿布西爾（Abusir）建造了他們的金字塔[70]。這樣，就像吉薩是第四王朝初期建造金字塔的地方，阿布西爾是第五王朝初期建造的金字塔所在地。位於阿布西爾的金字塔有一個很奇異的特徵，那就是從尼弗爾伊卡拉、卡凱的金字塔建築群體中，延伸出來那條通道的變化，法老奈烏舍勒拆除了這條通道的上半部分，並改變了它的路線，使它延伸到他自己的金字塔中。

尼烏舍勒還在阿布西爾附近的阿布古羅布（Abugurob）建造了一座規模很大的太陽神廟，內有塞德狂歡節和慶祝這一座神廟建成的宗教儀式淺浮雕。浮雕上還刻畫了一幅支離破碎，但內容廣泛的季節性活動以及鳥和魚遷徙習慣的圖案。那些世世代代在吉薩和沙卡拉的墓地建造陵墓的官吏，繼續在那裡建造了他們的馬斯塔巴墓[71]。當第五王朝的最後一個統治者和第六王朝的第一個統治者把他們的金字塔建在沙卡拉之後，那裡就更爲朝中的大臣所青睞。

薩胡爾（Sahuie）金字塔是第五王朝所建的金字塔的典範。其享殿內的浮雕刻畫了法老打獵、釣魚和捕鳥的情景。這些畫面的重要意義不只限於畫的本身，它們體現了法老在死後繼續追求這些嗜好，並闡明維持生態平衡以及對自然資源的支配。其中一個主要部分顯示了一個派往敘利亞的使團及其帶著熊和一罐罐的油返回王國的情景[72]。在這之前所描繪的是對利比亞人的一次征服，以及有關女神塞沙特（Seshat）贈送戰利品的記錄情景。阿布西爾的金字塔顯示了大量用銅原料製造排水渠道閘門的痕跡。這些銅來自位於第二瀑布的布亨（Buhen）或西奈半島。

我們可以從一卷破碎不全的紙草檔案中，知道有關建於第五王朝末期的阿布西爾金字塔情況，以及第六王朝情況[73]，它主要是處理尼弗爾伊卡拉、卡凱的祭殿事務。其中有被僱來從事與神廟有關的人員名單，還有由祭司定期行使職責的項目表，以及被委派的官員名字。其中提列的許多人可以從法老王陵內的群臣浮雕作品中，或者從位於王陵附近他們自己的陵墓內得知他們的頭銜，例如王室理髮師，更多地則表明了他們在法老宮廷中的作用，而不是他們的官職。其中有個文獻是一張允許某個官吏，進入一個禁止入內的祭祀場所的通行證。紙草卷中提到了各種各樣的墓室、通道、入口和門的名字，而神廟內的物品，包括那些急需修理的東西都列在清單上，神廟的收入以及食物和布料的分發都記在分類帳內，並用紅墨水標明了項目、總數和注意事項[74]。有意思的是，其中可追溯的最古老碎片，似乎是在法老下葬五十多年以後寫成的，這也爲其繼任者統治期間繼續受到百姓們的崇拜提供了證據。

第五王朝以門考荷爾（Menkauhor）、吉德卡雷、伊塞西（Djedkare Isesi）、烏納斯（Unis）的統治而告終。門考荷爾的金字塔可能位於沙卡拉第六王朝的法老泰提（Teti）的金字塔東邊，提德刻拉伊舍西金字塔建在沙卡拉與南沙卡拉之間，而烏納斯則把他的金字塔建在梯形金字塔以南。烏納斯金字塔是以通往河谷享殿通道上浮雕，以及在地下墓室中發現的金字塔銘文而聞名於世[75]。這些金字塔銘文是一個有關巫術和宗教言詞的集粹。

這些言詞通常是含糊不清的，是爲了幫助死去的法老在眾神中取得適當位置而寫。這些銘文被刻在第六王朝金字塔內的墓室和其他房間的牆上。有一部分代表某些生物的象形符號因爲迷信而被抹掉了。這樣，魚、鳥或者人就不可能神奇地存活下來而加害於死去的法老了[76]。在中王國的石棺銘文中也出現了在此基礎上加以修改的類似內容。在第十二王朝早期官吏的木刻棺木上刻有一組符咒。在新王國以及以後的時期中，石棺銘文又被寫在紙草卷上的《來臨的日子之書》（*Book of Coming Forth by Day*）並取而代之[77]。

文章是以《死者之書》（*The Book of the Dead*）而著稱。烏納斯金字塔建築群體內的堤道上所刻的浮雕內容包括：用大船把柱子和柱基從亞斯旺運來的情景，埃及與三角洲以東的沙蘇（Shashu）遊牧民族之間的衝突，從海上去敘利亞的一次遠征以及一群被饑荒所困的貝都因人（Bedouin）情景。其中最後一幅畫的內容和意義，我們還不清楚[78]。畫中法老賜予食物的這些人是敵人呢？還是埃及百姓？

我們估計第五王朝從韋塞爾卡夫到烏尼的統治大概長達一百五十年。採石、開礦與比布魯斯（Byblos）和地中海諸國之間的交往，以及派商貿代表團去紅海沿岸，薩胡爾統治時期的蓬特（Punt），和努比亞的情況，都有據可查。而埃及國內主要的新情況是王族太陽神廟的出現[79]。這在第五王朝以前或以後都沒有出現過，除了在左塞爾統治時期可能出現過一個太陽神廟。

《杜林王室正典》上記載了第五王朝末期的一次突變。這次突變顯然更多地體現了處於統治地位的家族內部所發生的變化，而不是整個國家範圍內的一次動亂。現已墓地林立的沙卡拉地區是第六王朝的第一座王陵。即第六王朝的建立者泰提（Teti）的金字塔所在地[80]。有些人推測他的在位時間很短，只有十二年，而另一些人則認爲他統治了長達三十二年半的時間。但遺留下來有關他的統治歷史資料卻很少，然而官吏所建的巨大陵墓卻顯示出，第六王朝從第五王朝的平穩過渡以及社會的穩定和國家的繁榮昌盛。繼承泰提王位的是烏塞爾刻拉（Userkare），他的在位時間很短。而繼承他的王位的培比一世（Pepy I）則統治了長達九十四年的時間。我們不能確定他們在位時間的長度，是因爲我們不能精確地得知每一年的開始時間，這比每兩年清查中的總數還難。史密斯（Smiths）根據第二十五次清查的記載，推算出培比一世的在位時間爲九十四年[81]。

與之相反，海勒克（Helek）則根據《杜林王室正典》上的記載，堅持認爲培比一世在位只有二十年。他又認爲第二十五次清查的記載反應了這段統治之前的一段時間，那時候培比一世和烏薩爾刻拉是共同執政者[82]。這個時候的法老都很倚重於地方統治者對他們的忠心，這一點可從培比一世娶了一個名叫庫伊（Khuy）的阿比多斯地方官吏的兩個女兒爲妻的史實中得到證明。而她們的兄弟哲奧（Djau）則是朝中的宰相。從韋尼（Weny）的自傳中，我們了解到一次在培比一世統治時期，發生的後宮密謀告發王后事件。在他之後的兩個法老是麥爾尼爾—安提姆薩夫（Mernere Antiemsaf）和尼弗爾卡拉—培比二世（Neferkare

Pepy II）他們倆似乎是堂兄弟，出生於培比一世統治末期。

麥爾尼爾被認爲總共統治了六年或十四年，而與此相反，培比二世似乎是埃及歷史上在位最長的法老。《杜林王室正典》認爲他在位九十年以上[83]。而曼內托的一個摘要譯本中則指出，他「從六歲起開始執政，一直到一百歲。」雖然現在的學者對這一說法提出了疑問，但它仍然沒有被駁倒。位於南沙卡拉的培比二世的金字塔體積中等，但金字塔內的浮雕作品中都保存完好[84]。它們向我們展示了一幅幅內容廣博的圖案，其中就包括有從薩胡爾金字塔建築群中複製的征服利比亞人情景。

培比二世的每一個王后都有一個規模較小的金字塔，其中有一個刻有浮雕的享室以及刻有金字塔銘文的墓室[85]。從兩層台階拾級而上可以進入一座氣勢宏偉的河谷享殿，它是進入培比二世金字塔建築群的一個合適入口。

在培比二世之後的是涅特提利刻拉（Netjerykare）和一個名叫尼托克利斯（Nitocris）的王后短期統治，而第六王朝也隨之走向終結。隨著遠征蘇丹，派使團出使比布魯斯，與遠在土耳其的安納托利亞取得聯繫以及組織建造規模巨大的金字塔，偉大的孟斐斯王國時期宣告結束了[86]。然而，埃及國土仍然處於以孟斐斯爲中心的統治之下，這期間包括第七王朝的九位法老在位的八年時間，及第八王朝的六位法老試圖沿襲慣例成爲偉大的金字塔建造者的大約十三年時間。

官吏和管理機構

在古埃及，法老承自聖潔的血統，爲神之子，他是由千百萬人中選出來的，不論平民或貴族，在他面前都得卑躬屈膝。然而，實際上，國家的權力則完全掌握在宰相及其他的官吏手裡[87]。

古王國時期的那些神化了的法老，是在一群忠心又能幹的官吏們輔助之下進行統治，他們之中顯然有許多才華出眾的人。服務於左塞爾的印和闐，就因爲他作爲一個建築師和醫生而顯示出眾的智慧才能，而在兩千多年的時間內爲埃及的平民百姓所銘記[88]。在階梯金字塔所在的沙卡拉出土一座左塞爾的雕像，雕像座上刻有「國王掌印大臣，首席大臣，王宮總管事，王子，諸官總管，印和闐」的字樣，顯示他在左塞爾時代是一個極爲重要的人物[89]。雖然他不像是王族的一個成員，但我們知道第四王朝的顯赫官吏通常是國王的近親。然而，隨著時間的推移，朝中重臣和國王之間的關係就不像第四王朝那麼親近了。但縱觀埃及的歷史，官吏職位的繼承是傾向於世襲。

古王國時期就有許多徵得國王的同意，由兒子繼承父親官職的例子。其中有一類情況是這樣的：一個官吏請求國王任命他的兒子爲他的「老年時期的助手」，由此兒子就可以幫助父親處理大事，在父親死後，他就很有可能獲取了這一官職，並領取這官職應得的所有俸祿[90]。

在埃及，最高的官職通常用阿拉伯語中的「Vizierate」來命名，斯尼弗魯的宰相尼弗爾瑪亞特的職位，被斯尼弗魯的一個兒子卡奈弗爾（Kanefer）所繼承，而他在賽奧普斯（古夫）統治時期又被尼弗爾瑪亞特的兒子何米烏努（Hemiunu）所接替[91]。法老們用家長制的形式透過他們的家族進行統治，但是其間也有非王室成員擔任朝中最高官職的例子。在第六王朝初期的一個主要的例子就是韋尼（Weny）。然而他的同時代人，以其位於沙卡拉的馬斯塔巴墓而爲眾人所知的美拉盧卡（Mereruka），其部分原因則是由於他娶了法老特提的一個女兒爲妻而取得宰相這一職位的[92]。

埃及是由中央政府實行管轄，政府負責管理穀倉、估計財產、徵收賦稅以及支出奴隸。除此之外，埃及的每個諾姆是由一個諾姆克（Nomarch）和當時的官吏統治。諾姆克是埃及語中的一個頭銜，相當於總督[93]。但是我們對整個統治體制並不完全了解。在上埃及，從南部的埃利方太尼（Elephantine），即亞斯旺到孟斐斯河流上游的地方，在傳統的列表上總共有二十二個諾姆。

在某些情況下，南方和北方的某些諾姆的名稱是一樣的，這表明這些包括有二十二個諾姆的列表，可以追溯到一個還沒有那麼多諾姆的一個時期。這些諾姆通常是按由南而北的順序進行排列的，例如，上埃及第一諾姆（U. E. 1）是埃利方太尼，上埃及第四諾姆（U. E.

4）是底比斯，上埃及第八諾姆（U. E. 8）是提斯（This）即阿比多斯等等[94]。刻畫在那爾邁調色板以及其他的調色板上和權杖頭上的旗幟，可能是這些諾姆的象徵。

我們對埃及北方的管理機構了解得就更全面了，因爲有關的文獻很少。但我們可以確定上面刻有二十個諾姆的列表是以後才建立的。對於土地的開發以及類似拓殖的對外擴張，使得諾姆的數目增加了，而大面積的邊界地區也分裂成幾個諾姆了[95]。

一些特定的神祇與他們的配偶女神以及他們的兒子，與某些特定的諾姆相聯繫。因此，歐西里斯與伊西斯（Isis）和荷魯斯一起成爲阿比多斯的三神體[96]。阿蒙神（Amun）與女神穆特（Mut）和月神洪蘇（Onsu）一起成爲底比斯的三神體。托特（Thoth）是掌管書寫的神祇，他的主要崇拜地是上埃及第十五諾姆（U. E. 15）赫爾摩波利斯（Hermopolis）。

古王國時期，雖然理論上每個諾姆都是由一個諾姆克管轄，但是王族官員卻在兩個諾姆內負責行使王族的特殊使命。第五王朝的官吏有諸如「上埃及的監管者」（Overseer of Upper Egypt）、「南部頂端的監管者」（Overseer the Head of the South）、「上埃及中部諾姆的監管者」（Overseer of the Middle Upper Egyptian Normes）以及「上埃及北部諾姆的監管者」（Overseer of Northern Upper Egyptian Normes）之類的頭銜[97]。

由此我們可以看出，法老們試圖透過一個統轄南部的總督來實現其統治，而在總督之下的是南部三個部分的代理。這樣做的結果是防止南部的二十二個諾姆克各自爲政。在上

圖 4-5　阿蒙神（後）　王惠玲攝

埃及和下埃及都有王族的田地，它們被稱爲「莊園」，而它們則進一步地限制了諾姆克的部分自主權[98]。在古王國末期，上埃及第五諾姆（U. E. 5）哥普特斯（Coptos）的諾姆克們取得了統轄南部的總督職位。

我們的大部分訊息資料是從官吏們的頭銜，以及他們的馬斯塔巴墓內浮雕中得來的。在古王國初期，這些墳墓都趨於建在一座王族金字塔附近。但是在第五王朝，尤其是第六王朝，諾姆克們通常在懸崖上鑿岩成窟而建成了他們的陵墓[99]。這些陵墓俯瞰著他們各自的諾姆，明顯地顯示出了一種獨立自主的意識。

古王國初期的第四王朝時，絕大部分的馬斯塔巴墓都有規模較小的祭堂。如前所述；

在祭堂內發現的銘文是有關祭祀供奉食品、布料和農田裡生產出來的物品之慣用語。祭堂內還有由王族的磚石工和雕刻家製作的拱石、杜樑和其他藝術品[100]。官吏們自傳性的描述諸如：「我賜食物給饑餓者，贈衣服給赤身露體者，我把沉船遇難者救上陸地。」之類的一般陳詞。而以此誇耀自己濟世救人的美德，亦象徵人民滋長的獨立意識使地方官吏愈來愈遠離中央[101]。他們不再像以前那樣讚頌法老，說他們光榮的唯一源泉就是王恩，而是開始誇耀自己。

第五王朝的尼弗爾伊卡拉（Neferirkare）統治期間，宰相瓦什普塔（Washptah）墓中的浮雕記錄了他的死亡詳情。在法老視察由瓦什塔普監管的建築工事進度時，法老發現他突然倒在地上。宰相被送到王宮中，但是御醫們在查詢各種醫書後，仍然無法使他恢復知覺。王族特別准許把他的陵墓建在阿布西爾薩胡爾金字塔附近[102]。在他墓中的銘文偶爾也能發現王族的書信。

吉薩一座陵墓的祭堂內銘文，宰相塞內哲米布（Senedjemib）記錄了第五王朝法老伊塞西（Isesi）稱讚他設計建築工事的傑出才能和技藝。其中最著名銘文，是刻在阿比多斯的韋尼墓內的銘文，以及刻在亞斯旺的哈爾胡夫（Harkhaf）墓內的銘文。韋尼是在第六王朝的第一個法老特提統治時期開始建功立業[103]。在培比一世統治期間，他獲得了大法官以及祭司一職。除此之外，因爲他是王族的密友，法老賜給他許多陪葬品，其中包括一個石棺、一扇石製拱門、兩個窗戶的框架。他自己吹噓他曾在某個部門被任命接替過四個人的官職。後宮的一次針對王后的密謀，必須透過法定程序進行審理，而韋尼則被委託負責這個案子（雖然這類事件不應該由他這樣身分的人來處理）。當法老巡視全國各地，韋尼負責安排法老的行程以及法老在每一個地方的膳宿。有一次法老派遣他率領一支由上埃及的二十二個諾姆、三角洲兩邊以及努比亞和利比亞的部分地區，組成的大軍去和亞洲人作戰。他的組織管理才能在這一次戰役中經受了考驗。經過五次遠征，埃及軍隊在摧毀了敵人的城牆，並砍倒了他們的無花果樹和葡萄樹之後，平安地返回了埃及[104]。有一次，他派遣一支小分隊乘船去攻擊「位於北方」一個分水嶺附近的地方。據推測，那個地方可能位於通往紅海途中的瓦迪圖密拉特（Wadi Tamilat）地區內，也有可能是蘇伊士（Suez）半島上的蒙斯卡西烏斯（Mons Cassius），或者是巴勒斯坦境內的蒙特卡莫（Mount Camel）。

培比一世的繼任者美爾尼爾統治期間，韋尼被任命爲上埃及的總督，統轄著從南部上埃及第一諾姆（U. E. 1）埃利方太尼到北部的上埃及第二十二諾姆（U. E. 22）阿夫羅代托波利斯（Aphroditepolis）之間的地區，而且他還管理全境的賦稅徵收工作。在法老建造金字塔的時候，他負責到採石場運花崗岩。我們在最近發現了一個岩石銘文，它位於瓦迪阿拉凱（Wadi Allaki）境內，這是努比亞的金礦開採區[105]。這個銘文證明了他曾到過那裡。爲了能讓船隻通航，他在亞斯旺的第一瀑布岩石中鑿出了五條運河，而美爾尼爾則以官方名義出現在該地，並接受了努比亞對他的效忠。

哈爾胡夫在美爾尼爾和培比二世統治時期也是上埃及的總督，他也可能是上埃及第三部分即南部的管轄者。他的陵墓是在亞斯旺的尼羅河西岸懸崖中鑿岩而建成。建築物表面的銘文記載了他奉法老之命出使努比亞以南地區的情景。這篇銘文也可以說是標誌著黑人非洲世界進入了歷史舞台[106]。相當多的學術研究，都致力於把他所到過的地方和蘇丹境內的某些地區聯繫起來。在文中所列努比亞的產品中有象牙和烏木（Ebony）。烏木這個詞，實際上源出了象形文字「Nehny」，這是從非洲語言中借來的埃及詞語。

其中的一次遠征中，哈爾胡夫擄獲一個擅長歌舞侏儒，而那時還是小孩的培比二世命令哈爾胡夫馬上帶著那個侏儒回國。在信中，少年法老告知哈爾胡夫，每個晚上檢查十次，以保證那個侏儒安然無恙，他還告誡他千萬別讓那個侏儒掉入水中。哈爾胡夫寫道：「與西奈和蓬特的產品相較，陛下更想見到這個侏儒。」[107]

從第六王朝開始，位於沙卡拉的馬斯塔巴墓亨堂內，刻滿了多種主題浮雕[108]。浮雕除了描繪這個官吏在他的供桌前情景外，還刻畫了在農場裡的生活、屠宰牲口、飼養家禽、捕魚、在沼澤中獵鳥、在荒漠中獵獸、在作坊裡製作雕像、男孩和女孩舉行拔河比賽和其他遊戲、各種競技運動、跳舞以及男子因為無法繳足稅款而被帶到徵稅人面前痛打等畫面。雖然有關葬禮和慟哭、送行者的隊伍描繪很少，但其中還是有所刻畫。墓中亨堂的浮雕還顯示了墓的主人日常生活一面，諸如打獵、捕魚和坐轎子等。墓中的浮雕上有時還對他的職業有所描繪。例如，在一個名叫安克馬荷爾（Ankhmahor）醫生的墓中就有一幅描繪他對男孩實行割禮畫面[109]。

一般來說，墓的主人是以視察農莊生活形象出現的。那麼，他是以活人的面目出現，正觀看著他在世時所發生的一些事呢？還是作爲一個幽靈，比如說，正從死人的世界中觀看著他生前所從事事業的繼續呢？亦或這完全是在他死後生活的情景，向我們暗示著他在死後繼續進行這些活動呢？對於這些疑問我們現在還很難作出解答[110]。

這些豐富的圖景中，還沒有把重點眞正地放在宗教上面。墓中沒有刻畫墓的主人進入神廟或進行祈禱的情景。而金字塔內的浮雕中頻繁出現的神祇，在馬斯塔巴墓或者鑿岩而建成的陵墓內卻沒有出現過[111]。與之相反，在新王國時期的陵墓中卻有這些情景，所以這點很值得引起注意。這說明了在古王國時期，非王族的享堂這一空間和神祇的世界之間，存在著一定的差距。這也強調了法老和神祇之間的相對緊密關係。這就是說，只有法老才能直接與神靈世界接近，而除法老之外的其他人則因爲他們在社會中的地位，也只能依附於法老。

在培比二世死後，埃及就漸趨於衰微，而導致其衰敗原因則是多方面的。培比二世的在位時間過長，這對於埃及王國來說當然是很不利的。後來的一個文本指出，法老曾在夜間拜訪了他的一個將軍這一奇怪事件[112]。人民的民族意識冷淡、經濟方面的災難，以及對神化的法老這一觀念的喪失，這些因素致使古王國時代走向終結。

雖然當時的某些銘文中曾指出亞洲人曾入侵埃及，但我們還不能確定孟斐斯屈服於外來勢力，王國的崩解似乎是由於其內部的空虛而導致的，而連年不斷地浪費人力和土地來建造和維護金字塔，則必定使王國士氣低落，國力日漸衰弱的一個重要原因。我們可以從法老頒布的一系列法令中得知，神廟和宗教會所免繳收穫的產品以及免徵勞力。這些法令，也涉及官職的任命以對冤案的平反昭雪的內容[113]。

古王國晚期的法令給人的印象是：這是一個政局穩定的中央集權國家，出法老任命的各地總督管轄著上埃及地區，然而法老所期望那些類似哥普特斯的重要地區的諾姆克，對他的忠心並不能掩飾王國內部的虛弱，就像那些地方官吏由於得到了他們的職位而對法老感激不盡，法老也日益依賴於他們，並對那些地區實行免稅。而其他的諾姆則變得愈來愈獨立。

最後法老對孟斐斯失去了控制，而金字塔建造者所建立的王朝也就此結束了。在國內的一些地區和王宮內，出現了無政府狀態，一些文學資料給我們描繪了一幅由社會動亂，最後導致社會革命的圖畫。貴族和貴婦在田間勞作，而他們的奴僕則分享了這些他們原先主人的財產。兄弟相殘，子女弒親。金字塔和陵墓被洗劫一空，政府官員的公文被拋入街中[114]。在其中一個更生動的描述中，自然界也作出與此次動亂相應的反應。尼羅河的河水乾涸了，人們步行過了河。太陽不見了。糧食作物的產量減少了，而賦稅卻增重了。百姓逃離到墓地中生活。

以後的一首《獻給哈培之歌》（The Song of Haiper）使我們想起了古王國時期的教諭文學（Wisdom literature）以及印和闐（Imhotep）和哈爾戴德夫（Hardedef）的格言（一個是效忠左塞爾的賢人，另一個是賽奧普斯（古夫）的兒子），而這種詩歌則反映了他們陵墓的困境，歌中寫道：「我聽到印和闐和哈爾戴德夫的講話。正是由於他們的講道，人們才能說這麼多。但現在他們的陵墓在哪兒呢？他們陵墓的牆壁倒塌了，他們的陵墓再也不存在了，就像它們從來沒有在這裡存在過[115]。」由此，這個專制的以及從金字塔中得以體現的它的行政管理機構和工藝水準的王國，終於走向了瓦解一途[116]。

第五章

第一、二中間期與中王國時期

第一中間期自西元前二一八一年至西元前一九九一年（夏朝太康至泄在位），埃及社會混亂，後王國分裂，北方和南方各有一個王朝[1]。中王國時期自西元前一九九一年至西元前一七八六年（夏朝泄至桀在位）。第二中間期自西元前一六六八至西元前一五六〇年，埃及政治混亂，實際上分為兩個部分，北方由塔尼斯的法老統治，南方則由阿蒙的祭司掌權。

第一中間期是古埃及歷史古王國時期和中王國時期之間大約一百年的歷史時期。古王國後期，中央集權的減弱使埃及王朝逐漸喪失了對地方政體的管轄，各地方領袖紛紛脫離中央政府，古埃及進入分裂狀態。儘管這一時期仍然有諸如第七、第八等王朝存在，但那只不過是名義上的王朝，實際上則僅控制首都孟菲斯附近的一小部分地區，而其他地區則被地方官員實際控制。這一時期的後期，來自中部底比斯的地方官員開始挑戰「中央政權」，建立第十一王朝，並成功打敗原中央政府，統一埃及，此後古埃及進入國家統一的中王國時期。

埃及第十五王朝是古埃及歷史上的一個王朝，為西克索人所建立。時間從西元前一六七四年至西元前一五三五年，屬於第二中間期。常將其和第十六王朝與第十七王朝談論。

從第七王朝到第十一王朝

在古王國瓦解之後，確實存在著一段時期的無政府混亂狀態，但是中王國時期的文學，卻毫無疑問地將這一段社會動盪時期和隨之到來的和平時期之間的差別過分誇大了[2]。孟斐斯不再是王國統治和管理中心，而中央集權制度的瓦解則導致了社會動亂。然而令人難以理解的是，那些在古王國起重要作用的地區，例如埃利方太尼、哥普特斯和阿比多斯卻沒有趁亂擴大自己的實力，而且三角洲地區也沒有從王國中分裂出去而成立一個獨立的下埃及王國[3]。諾姆克們想趁機取得獨立卻失敗了，這也許是因爲他們的權力已經被法老派遣的管轄人員和南方的總督所削弱了。實際上，這是因爲埃及處於諾姆經濟結構中，除了官僚機構控制之下的國家耕地和農民外，還有神廟、貴族、小私有者等占有的土地也在監控之下[4]。在一個王朝興盛時期，土地主導權，當然也處於國家管控之下。這或許可以解釋上述難以理解，何以這些諾姆不乘機獨立的原因。

第一中間期被稱爲孟斐斯、赫拉克利奧波利斯（Herekleopolis）和底比斯時代，因爲這些地區在這個時期具有重要的歷史意義。有關三角洲地區的資料卻很少。在第六王朝末期，孟斐斯仍繼續在上埃及全境行使統治權，但是它卻日益依賴位於哥普特斯和阿比多斯的當地大家族對它的忠心[5]。在孟斐斯政權瓦解後不久，赫拉克利奧波利斯就取得了上埃及北方的控制權。赫拉克利奧波利斯是上埃及第二十諾姆，它在孟斐斯以南不遠的一個地區。它的崛起要歸功於尼羅河以西，由巴爾、育蘇夫運河（Bahr Yusuf Canal）灌溉的一個名叫法雍盆地的發展。在赫拉克利奧波利斯出現了新的王朝，它們被曼內托稱爲第九王朝和第十王朝。在赫拉克利奧波利斯的諾克姆接替法老稱號的同時，位於上埃及第四諾姆的底比斯的一個諾姆克也自立爲王[6]。因此，埃及王國在上埃及的南部和北部就同時有了法老。

兩個王國誰也不承認對方的稱號。赫拉克利奧波利斯家族稱他們的對手爲「南方諸諾姆」或「南方的首領」，底比斯家族則稱北方爲「Per-Knety」，意思是「開提（Knety）即阿瓦托伊（Akhtoy）的住所」，因爲赫拉克利奧波利斯的三個國王都姓開提[7]。在經過一段時間的整頓和重建之後，赫拉克利奧波利斯王朝和底比斯王朝雙方進行了幾次戰鬥。最後底比斯王朝取得勝利，並建立了中王國[8]。

關於第一中間期的時間範圍存在著一個疑問。有些人把它的起始時間定在培比二世統治的最後幾年，把重點放在這一時期已被削弱的中央政權。而另一些人則把它的起始時間定在第八王朝的末期，強調的是孟斐斯政權的延續，以及它在第八王朝在名義上對埃及國土支配權。在《杜林王室正典》上沒有說明在第六王朝末期有一個斷裂期。第一中間期的終結時間一般被定於第十一王朝快結束的大約西元前一九九一年[9]。那時候埃及王國在內布赫彼特—門圖荷太普（Nebhepetre Mentuhotpe）的領導下重新獲得了統一。但有些學者則將中王國的起始時間定於第十二王朝建立之時。

第七王朝和第八王朝是以其所謂的「免稅法令」而聞名於世，其大部分是寫給哥普特斯的諾姆克們有關任命他們爲南方總督的法令。這些免稅特權有利於哥普特斯神廟的恢復[10]，有可能是導致孟斐斯政權瓦解的原因，此前面已經討論過了。總之，這一政權的垮台是千眞萬確的。三角洲地區的諸諾姆，被來自巴勒斯坦地區的亞洲貝都因人入侵征服。而赫拉克利奧、波利斯的諾姆克則成功地在他的諾姆內維持了統治現狀，並把他的勢力從尼羅河西岸擴展到孟斐斯[11]。他之後的一個統治者在那裡建造了一座金字塔。第九王朝和第十王朝被認爲是一個整體，因爲我們無法理解曼內托把這兩個王朝分割開來的原因，而且在《杜林王室正典》上沒有兩者分開的記載。

一些文學作品，例如《一個善於辭令的農夫故事》（*The Story of the Eloquent*）、〈對美利卡拉之教諭〉（*The Instruction for Merukare*）、後期的《諾弗爾提的預言》（*Prophecy of Neferti*），以及《一個人與他的靈魂之間的對話》（*The Dialogue of the Man and His Soul*），對我們了解這一時期的歷史背景提供了最好的資料[12]。而〈伊普韋爾的忠告〉（*The Admonitions of Ipuwer*）這篇文章，從它的現存的體材來看，則有可能寫於第二中間期。

有關赫拉克利奧波利斯王朝本身的歷史資料主要是，那些位於上埃及第十三諾姆的希烏特（Siut）、上埃及第十五諾姆的赫爾摩波利斯（Hermopolis）和上埃及第十六諾姆的赫倍努（Hebenu）的諾姆克們墓中的銘文，以及〈對美利卡拉之教諭〉[13]。這些文學作品描述了赫拉克利奧波利斯王朝的法老們，在大約一百二十年（西元前二一六〇年至西元前二〇四〇年）時間內，設法取得了對三角洲地區及其港口和到北方商路的重新控制，並取得了對上埃及的控制權，其勢力往南擴展到希烏特，有時還到達了上埃及第八諾姆的阿比多斯。

王朝的早期，上埃及最南端的三個諾姆也在他們的影響範圍之內，因此底比斯在南方和北方的勢力都得到了遏止。希烏特的諾姆克們是赫拉克利奧波利斯王朝的忠實支持者，支持其與底比斯政權作對，並且自誇他們在對南方的一次關鍵性戰役中的協助[14]。希烏特的一個名叫開提（Khety）的諾姆克記錄了他在世時與法老一直保持的良好關係，還自豪地回憶了他與王子們一起學習游泳的那些日子。

〈對美利卡拉之教諭〉是一個包括有法老對他兒子的勸告、各種各樣的民間諺語以及自傳性的文學作品。文中指出，在赫拉克利奧波利斯王朝對位於南方的上埃及第八諾姆提尼泰（Thinite）進行攻擊，以及由此導致的底比斯王朝向北挺進對抗之後，雙方曾有一段和平共處的時期[15]。

底比斯王朝的一些銘文中記錄了他們的王國勢力範圍於南方的上埃及第一諾姆埃利方太尼，一直擴展到位於北方的上埃及第十諾姆阿夫羅代托波利斯[16]。後來赫拉克利奧波利斯王朝似乎認爲他們的主要威脅來自北方地區，因而忽視了底比斯王朝潛在的威脅力量。

〈對美利卡拉之教諭〉一文闡明了人與神之間的親密關係。法老建議他的兒子對反叛者要嚴厲處置，對那些忠心擁護他的屬下要好好對待，並獎勵他們。這樣大臣們就會對他感恩戴德，而不會反對他或被別人爭取過去來叛他。文中還強調了言辭的重要性，因爲「一個人的力量來自於他的口才，言論比戰爭更有威力。」[17]關於貝都因人，文中寫道：「可憐的阿穆，他煩躁不安地站在這個地方，他渺小得如滄海一粟，前面有許多山頭，道路就更曲折不平，他沒有在這個地方停下來，因爲肌腸轆轆，他加快了前進的步伐，從荷魯斯時代起，他就一直在作戰，他沒有取得勝利，他也沒有被人征服，亦沒有宣布戰爭開始的時間。」[18]在文中，法老還承認了他的某些錯誤之處，這在任何王族銘文中都是罕見的。

第一中間期，當時王國的社會結構被調整，宗教信仰方面也出現重大的變化，然而對於這種調整和變化的本質，我們很難確定。金字塔內用於王族宗教典禮的符咒，這時經過修改，爲非王族的官吏們所使用。在這個時期的末期，這些符咒還經常被複製棺木上。這就是所謂的「棺木銘文」。這代表的是一種宗教特權的逐漸開放，逐漸平民化的過程[19]。這些符咒中描述了人死後各種各樣的變化，以及人的靈魂在人死後的歷程。其中還有途中遇到敵人時奇妙的言論。這些棺木銘文來源於金字塔銘文，兩者反映了同一個傳統[20]。但是兩者所強調的重點卻有所不同。〈對美利卡拉之教諭〉還向我們描述了神的性情本質，請看以下這段摘錄：「神希望得到的是人的表裡一致品質，而不是一個損害他人利益的人向他供奉牛，你爲神做事，神也爲你做事，人們將供奉品堆滿祭壇，並刻上題詞，這會使你的名字永存不朽。神是知曉眞正做事的人，人類是神的牛群，神爲他們提供一切，他創造了天與地以取悅人類，他減輕旱災，爲人類提供水源，他創造了空氣，使人類可以透過鼻孔呼吸而生存，人類是神用雙手創造出來的，而神因人類的願望而升入天堂，他爲人類創造了農產品、牛群、鳥和魚，以此滋養人類。」[21]

雖然平民百姓不是《一個善於辭令的農夫故事》這篇文章的主題，但文中卻述及了平民百姓這一因素。這個事件發生在赫拉克利奧波利斯王朝的一個法老統治時期。綠洲中的一個居住者告別了他的妻子，給他的妻子和孩子留下穀物之後，就上路了，他的毛驢載著各式各樣的綠洲產物，他準備到市場去出售這些貨物。一個垂涎他的貨物的貪官在狹窄的道路鋪了一塊布，擋住了他的去路，迫使農夫從田野繞道[22]。當一隻驢子吃了一小束大麥後，那個官吏就把農夫的貨物扣留下來作爲補償，還毆打了他。於是農夫就去找主管事，向他控告那個貪官。農夫的能言善辯傳到法老耳中，法老下令把他的言論記錄下來，並在農夫正爲他的案件進行辯護時，派人把食物送到了農夫的家裡。農夫對官場進行了九次淋漓盡致的抨擊之後，被釋放了，並聽到他的言論被複述出來。法老還把那個貪官的財產賜給了他。雖然農夫的辯詞言過其實、重複累贅，經常提及公平原則，引用各種諺語和陳腔濫調，但是他的言論則反映了被壓迫者的苦難境況[23]。而另一方面，法老似乎更因爲農夫雄辯口才而感到高興，卻沒有被他的官吏的不道德行爲所激怒，然而，從某種程度上來說，這個故事畢竟是一篇供人消遣的、展示修辭的文章，我們很難指望法老會去過度地關心一些次要的小事。

這是一段艱苦的歲月。在第一中間期埃及國內發生饑荒。諾姆克們記錄了他們把自己的穀物贈送給平民百姓的事件。這時在城市內或諾姆內，表現得明顯的是一種自尊，而不是對遠在他鄉的法老忠心。銘文中有諸如「我的屬下」、「我的城市」和「我的諾姆」之類的詞句，其重點放在建造當地的神廟和當地灌溉系統上。希烏特的某一個諾姆克引以自豪。銘文甚至是根據各個諾姆的年曆而不是根據王朝的年曆來標明日期[24]。這種對諾姆的忠心，是古王國孟斐斯君主統治權被削弱後而導致的必然結果。

有關赫拉克利奧波利斯的記載，特別是它在第九王朝和第十王朝達到鼎盛時期的史實，留下來的資料很少。因此，〈對美利卡拉之教諭〉一文就有特殊的重要性[25]。另一方面，底比斯則注定要成爲埃及王國的首都。有關它的記載保存良好。雖然位於該諾姆南部的赫爾蒙提斯（Hermontis）曾是古王國時期的重要城市，但是古王國的崩潰卻替底比斯的崛起奠定了基礎。

尼羅河河谷的一塊土地肥沃區域內，底比斯的諾姆克們透過與相鄰的幾個諾姆聯合，以及對它們控制而不斷地擴大他們的影響。儘管與其北部接壤的哥普特斯與第七王朝和第八王朝關係親密，它卻成爲底比斯的早期盟友。底比斯最後克服了上埃及的前三個諾姆以及南部的其他地區對它的敵意[26]。幾個名叫英佑特夫（Inyotef）和門圖荷太普（Mentuhotpe）的諾姆克們，接替了一直侷限於上埃及第一到第十諾姆的王權，並以南部的七個諾姆爲其統治中心[27]。我們稱這二王朝爲第十一王朝。

第十一王朝開始於第八王朝結束後不久。特別是它的後半階段，與第九王朝和第十王朝處於同一時期。王朝的第一個重要的統治者是瓦海克—伊利奧特弗二世（Wahankh Inyotef II）。在他長達五十二年的統治期間，上埃及與北方之間的戰爭停止了。從位於底比斯他的陵墓中，發現了一塊石碑的碎片。上面記載了他曾把勢力擴展到上埃及第十諾姆阿夫羅代托波利斯，他還征服了與底比斯南部接壤的上埃及第八諾姆提尼泰。在他的旁邊還有五隻獵犬，每隻獵犬都標有它們的利比亞名字以及埃及的譯名，如「黑子」、「羚羊」等等[28]。在這之後大約九百六十年的第二十王朝，當一個考察陵墓被盜狀況的調查團來到這個地方時候，他們發現並提及了這塊石碑。繼承他王位的人已是不惑之年，統治了大約七年的時間。

下一個重要的法老是內布赫彼特—門圖荷太普（Nebhepetre Mentuhotpe），他在位五十一年。在他的統治初期，赫拉克利奧波利斯王朝被徹底擊敗了，埃及王國在底比斯的領導下重新得到統一。他似乎改了兩次姓和一次名，所以直到最近這段時間有些學者還認爲他是許多個法老。他在底比斯西部的一個叫做提埃爾、巴哈利（Deirel Bahri）的懸崖彎角處建造了一座獨特的陵墓[29]。

這座陵墓與古王國時期的金字塔建築群有驚人的類似之處，但它們之間還是有許多明顯的差別。它有一座河谷享殿和一條約長四分之三英里的無頂的長通道一直到院子、斜坡和平台上。在這個平台上的中間，又有一正方形的平台或是一個巨大的祭壇。享殿則座落在平台的後面即西側。斜坡的兩邊種滿了樹木，而平台上圍繞祭壇四周的地方則是由柱子、頂檐和浮雕構成的柱廊。從懸崖底下的岩石中刻出來的墓室入口，它位於享殿人行道一處隱蔽的地方，它與一條長長的地下斜坡相連[30]。這個建築群還包括有六個王室子女的墳墓和享堂，在它附近還有王后諾弗魯（Nofru）的陵墓。

俯瞰這個位於懸崖彎角處的建築群，是鑿岩而建成的那一個時期主要官吏陵墓，其中就有財政大臣開提和宰相美克特拉（Meketre）的陵墓。在後者的一個墓室中，有許多船隻、裝供品的器皿、作坊和房屋的模型，這是由一個手藝高超的木匠把他的主人周圍事物微縮而成。這種浮雕圖景運用到主體雕刻的工藝，在第一中間期就興起了，但是這些模型卻比其他作品的工藝水準更勝一籌。從中我們可以得知一幢私人別墅、一個裁縫店、一個釀酒廠、一座糧倉和裝備齊全的船隻的外形以及它們是怎樣起作用的[31]。

在這其中的另一座陵墓中，發現了在內布赫彼特之後的統治時期所貯藏的一些書信。其中提到了一個名叫黑卡那赫特（Hekenkht）饒舌農夫的事情。他是宰相伊彼（Ipi）的卡祭司（Ka-priest）。在寫信給他的家人的信中，他寫到了播種、收割和一些私人事情。他特別希望把一些田地以高價租出去，他還想知道在他離家期間，別人對他的親屬是否以禮相待[32]。此外，內布赫彼特—門圖荷太普在死後在他的四周有一個庭院，這與古王國時期的金字塔和馬斯塔巴墓建築群有相似之處。在這之後，哈特雪普蘇女王在內布赫彼特的享殿旁建造了一座規模更大的享殿[33]。後來圖特摩斯三世在兩者之間又造了一座享殿。這三座享殿每一座都與一條通道相連，通往河谷建築物的路上設有驛站[34]。它們共同構成了提埃爾巴哈利的這處引人入勝的景觀。

出自底比斯以南的蓋貝萊恩（Gebelein）的一幅浮雕描繪了內布赫彼特國王在他統治初期先後擊敗一個埃及人、一個努比亞人、一個亞洲人以及一個利比亞人的情景。這可能是一種概述，而他在以上的每一個地區的活動都有據可考[35]。他擊敗了赫拉克利奧波利斯王朝的最後一個法老，使埃及重新置於一個單一政權統治之下，並從此以底比斯爲中心管轄著整個王國。

在第一中間期間，努比亞的幾個地區似乎建立了一個獨立的王國，但是有據可考的內布赫彼特—門圖荷太普的代理人，在他統治期間在努比亞活動頻繁，而且下努比亞即瓦瓦特（Wawat）在這期間，至少在名義上被上埃及所兼併。從一篇銘文和其他資料中我們能清楚地得知內布赫彼特—門圖荷太普和亞洲的貝都因人有過接觸[36]。以後在西奈的一篇獻辭中也提到了他，因此他有可能試圖在那裡重新開闢礦場。雖然沒有有關利比亞戰爭的確鑿資料，但很明顯在那個時候利比亞人對埃及沒有構成特殊的威脅。

第十一王朝隨著內布赫彼特的兩個繼任者桑克卡拉—門圖荷太普（Sankhare Mentuhotpe）和內布托伊拉—門圖荷太普（Nebtauyre Mentuhotpe）的統治而結束[37]，前者的在位時間爲十二年，後者的在位時間爲二年。在後者的統治末期，記錄中出現了一些混亂。這可能是由於在年史上出現了一段空白，而《杜林王室正典》正是根據年史編訂而成的。在王表上沒有內布托伊拉的名字，但我們現在一般把他列在第十一王朝的末端。

根據資料記載，桑克卡拉統治期間，曾有一支由三千人組成的遠征隊前往哈馬馬特（Hammamat），他們在途中挖了幾個大水井或水窪。這支遠征隊最遠到達了蓬特，它通常被認爲是索馬里（Somali），紅海沿海的一個地區。他們帶著蓬特的當地產品以及從哈馬馬特開採的建造王族浮雕之用的大塊石料回到了國內。

內布托伊拉統治期間，有一支規模更大的遠征隊，據史料記載這支遠征隊共有一萬人組成。他們在宰相阿美涅姆黑特（Amunemhet）的率領下，到哈馬馬特去爲法老的石棺開採石料[38]。他們從一塊上面曾有一個瞪羚進行生育的岩石上採得了石棺的棺蓋。在這期間被記錄下來的第二件非比尋常的事情是：有一天下了一場暴雨，他們發現了一個清水溢到邊緣的水窪，內中的水特別乾淨，沒有被瞪羚或牧民們所污染[39]。

我們發現了幾幅製作精巧的有關桑克卡拉神廟浮雕作品，以及有關他的統治其他資料。在位於阿比多斯和沙卡拉的拉美西斯王表內，第十一王朝的國王只提到了他以及繼承他的王位的內布赫彼特兩個人[40]。王表上的這個混亂狀況是反應在第十一王朝末期發生了一次政治動亂呢？還是僅僅因爲資料不全而造成的呢？對此，我們還不能確定。

內布托伊拉的唯一的銘文記錄了他統治的第一年和第二年，而且內容僅限於瓦迪哈馬馬特和瓦迪埃爾胡迪（Wadi el Hudi）這些採石地，從遺留下來的建築物中，找不到有關他的資料[41]。繼承他的王位可能是一系列覬覦伊利奧特弗—門圖荷太普王朝王位的人，或者也有可能是第十二王朝的建立者直接接替了他的王位。

第十二王朝

埃及的第二個太平盛世，是西元前一九九一年，第十二王朝的建立者阿美涅姆黑特一世時期，他繼承了上、下埃及的王權。他出身於非王族家庭，極有可能就是在內布托伊拉—門圖荷太普統治第二年，率領遠征隊去哈馬特採石的宰相阿美涅姆黑特。他是一個最有才幹的改革者和統治者。他對埃及王國的影響一直持續著[42]。他在名義上有五個姓，而其中的荷魯斯姓——「反覆的誕生」或「復興」，則宣告了一個新時代的開始。

一個題爲《諾弗爾提之預言》（*The Prophecy of Neferti*）的文學作品，更進一步地揭示了這個主題。故事發生在斯尼弗魯統治期間。爲了取悅法老，一個博學的人預測了王國的未來。他預言在國內將會發生自然災害，國家將會變得混亂不堪。國土將被亞洲人侵略和蹂躪，舉國悲哀。在這個動盪的年代末期，南方將出現一個名叫阿美尼（Ameny）的法老，他與神達成了和解，並率軍驅逐了亞洲人和利比亞人[43]。

當阿美涅姆黑特繼承王位之時，埃及剛從第一中間期的社會混亂恢復過來，位於東北和南方邊界地區還沒有眞正地穩定下來。然而在這段最初的混亂時期過後，埃及正逐漸地恢復社會秩序。赫拉克利奧波利斯王朝成功地平定了三角洲地區的諾姆以及上埃及的北部地區[44]。然後，底比斯王朝統一了南方並打敗了赫拉克利奧波利斯家族，並從中奪取了赫拉克利奧波利斯家族的利益。最後，阿美涅姆黑特從底比斯的統治者手中奪取了王權，並統一了埃及，從而他取得了赫拉克利奧波利斯王族和底比斯王族的所有成果。

他的第一項革新措施是把政府從底比斯遷到孟斐斯以南的一個新城市。他把那個城市叫做伊賽塔維（Itj-towy），意思是「阿美涅姆黑特是兩個國土的擁有者」[45]。在這個地方比在底比斯能更有效地統治整個王國。就像現代的安卡拉（Ankara）和華盛頓特區（Washington

D.C.）一樣，伊賽塔維是一個新建的首都。

他的第二項革新措施是對諾姆的結構進行調整。他派人精確地勘定各個諾姆的領地，並作了標記。他還規定了各個諾姆對整個王國的義務。中王國時期的諾姆透過世襲原則擔任這一職位，並服從於王族的命令[46]。他們向王國的各種機構繳納稅金，爲王族在當地建造的工程提供勞力，並派去外地採石或出兵作戰。有時候紀元是根據各諾姆自身的紀元而定，這反映了諾姆在一定程度上的自治權。

因此，上埃及第十六諾姆即「羚羊」諾姆二十五年，就相當於塞索斯特里斯一世（Sesostris I）統治的第四十三年。這些諾姆克的陵墓向我們展示了他們在視察領地時，由各種行政官員、奴僕和家族伴隨的情景[47]。

阿美涅姆黑特的第三項革新措施是建立了共同攝政制度（Coregency System）[48]。在他統治的第二十一年，他指定他的兒子即繼承王位者塞索斯特里斯爲共同攝政王（Coruler）。從那時起，這兩個法老就共同統治著埃及王國，而有些文獻的日期是根據這個共同統治時期而標明的。阿美涅姆黑特一世統治的第三十年，就相當於塞所斯特里斯一世統治的第十年。雖然這個制度存在著某些內在矛盾和問題，但亦獲得事實上的成功。這個制度保證了法老後繼有人，並降低了在法老死後宮中發生叛亂的可能性。

換句話說，實行這個制度有利於使王權能平穩地移交到下一個法老手中。最後還有一個優點，那就是新法老積累了經驗，經受了考驗。實行共同攝政制度此可以追溯到早期王朝，而且新王國時期，也採用了它的某種形式。然而在第十二王朝，這種制度似乎是君王統治的一個固定特徵。在新法老的受封儀式上，他被授予和他的地位相符的所有頭銜[49]。而由此所取得的王國穩定性則是這個王朝的統治獲得成功原因之一。

在開創新時代之際，王朝都留意把自身發展根植於過去。孟斐斯的金字塔建築群被複製了，塞索斯特里斯一世建於代赫舒爾（Dahshur）以南的埃爾利什特（El lisht）的金字塔享殿的平面設計圖，與第六王朝培比二世建於沙卡拉的享殿的設計圖很近似。在此期間，還製作了許多古王國和第十一王朝統治者的雕像[50]。在代赫舒爾時期，又開始了對斯尼弗魯的崇拜，而且他又以法老的身分出現在《諾弗爾提之預言》一文中。而《諾弗爾提之預言》完成於阿美涅姆黑特一世統治時期。它借預言反應歷史，可以說是為阿美涅姆黑特一世歌功頌德之作[51]。藝術和建築在這個時期得到蓬勃發展，從而繼續進行了在前一個王朝內布赫彼特統治時期開始的復興運動。而在這個時期王權的實質已發生了變化。

古王國時期人們難以接近神化了的法老，到了中王國時期成了他的臣民優秀牧羊人[52]。在古王國時期的雕像中，國王通常是富於理想的、充滿活力的，有時又表現出一種鎮定自若的信心。但是在塞索斯托里斯三世和阿美涅姆黑特三世的畫像中，他們則變得沉思、憂慮和感傷，有時候又顯得很凶殘。這時候又重新興起把斯芬克斯作為製作法老雕像的一種方式，因爲它突出體現了王權的力量。

有三個文學作品與阿美涅姆黑特一世有關。《諾弗爾提之預言》一文前面已討論過了，它宣告了阿美涅姆黑特的出現。而《阿美涅姆黑特之教諭》（*The Instruction of Amunemhet*）一文則向王子描述了別人行刺或者試圖行刺法老的事件，並對他的王位繼承人提出建議：「不要相信兄弟，不要結交朋友，使你自己沒有親密的伙伴[53]。」第三個作品是《西奴希的故事》（*The Story of Sinuhe*）。這三個作品，以及王朝後期的諸如《勤王者之教諭》（*The Loyalist Instruction*）之類的作品，都把重點放在對法老忠心這一道德上，此都屬於宣傳性的文學作品。在這些宮廷文學中，法老自然是以好的形象出現[54]。《阿美涅姆黑特之教諭》則是一篇辯解過失的文章。其中誇大了篡位者所取得的成就，並舉例說明了他的屬下對他忘恩負義和不忠行爲。

王室侍者西奴希講述了他在聽到法老死亡的消息後，是如何在恍惚中匆忙逃出國去的。他在孟斐斯以南的尼羅河西岸找到了一條無舵的小船。他划著小船渡過了河，向巴勒斯坦行進。在他幾乎死於饑渴之時，他得到了閃米特牧民的幫助[55]。在異國他鄉，他獲得了成功，並娶了一個酋長的女兒爲妻。他最後憑自己的本事，也成爲一個酋長。在他生命將要終結時，他回到了埃及，他莫名其妙地逃離埃及的行爲也得到了寬恕。他盼望自己將來能被埋葬在一個合適的地方，而不是被裹在羊皮裡，埋在亞洲的土地上。

《西奴希的故事》之所以流傳很廣並具有相當重要意義的原因，其一是文中對語言的運用，其二是對法老死時舉行的哀悼、一個埃及人在國外的奇遇以及西奴希與貝都因首領的決鬥（預示了在薩慕爾十七年發生的大衛和哥利亞事件）的描述，其三是對巴勒斯坦的描述，其四是西奴希在晚年時回到祖國以及傳統葬禮的主題，其五是讚頌塞索斯托里斯一世的讚美詩（詩中讚頌了法老的智慧、力量和寬大爲懷的品德），其六則是西奴希作爲一個貝都因人的酋長，出現在埃及朝廷中的形象[56]。

《西奴希的故事》記述了西奴希在國外獲得的成功，反應了中王國時期埃及的繁榮。這篇散文敘事性強，詞彙豐富，語法結構嚴謹，並成功地揭示了主人翁的內心世界，在古埃及散文作品中堪稱傑作[57]。

在這個復興時期，埃及與其周圍鄰國之間關係也發生了變化。它開闢了往南的商路，以獲取非洲各地產品以及努比亞的金礦、銅礦、次等寶石和玻璃石[58]。從戰略角度講，法老們主要是在現代蘇丹共和國境內的第二瀑布以南設置堡壘，以掌握和控制努比亞人行動。而這時北努比亞實際上已被埃及所征服。這些堡壘中保存最完好的是在布亨（Buhen）。它就像是一個中世紀堡壘，內有雉堞、爲弓箭手建的掩體洞，四周有乾溝圍繞，還有其他防禦設備[59]。

埃及對其周圍的鄰國的敵視活動，在塞索斯托里斯三世統治時期以及以後的咒罵文本中有所描述。自舊王國時代開始，埃及人將仇敵的名字和詛咒敵人的文字寫在陶片或者泥塑小人身上，再經過某種儀式之後，將之擊碎，埋在神廟基礎下，希望藉交感巫術的方法致敵人於死地[60]。我們在雕像和陶器製品上發現的對敵人詛咒中，羅列了那些統治者及其領地的名字。其中提到了三十多個努比亞人的名字，如此多的名字說明了埃及對其南邊的鄰國是很熟悉的。

到塞索斯托里斯三世統治時期（西元前一八七八年至一八四三年），努比亞已被埃及牢牢地控制住了，而且巴勒斯坦和敘利亞也確定無疑地處於埃及的影響下[61]。埃及出口物品的交易市場以及許多巴勒斯坦和敘利亞地址，都表明了埃及商人在世界上的影響力。巴勒斯坦的國土實際上從來沒有被埃及兼併。而埃及則反而常受被襲擊的危險。阿美涅姆黑特建造了「王子之牆」，它是爲了阻止巴勒斯坦人的騷擾而建造一道防禦工事。他的繼任者維持了兩國之間的權力均衡，因此埃及沒有受到嚴重的威脅。但是我們從那些咒罵文本中得以考證埃及與巴勒斯坦，特別是與南巴勒斯坦的一些城邦之間存在著衝突。耶路撒冷、阿斯卡倫（Askalon）、舍契姆（Shechem）這些地名也首次出現在刻寫的銘文中。

在西奴希所處的時代，有許多埃及人走遍了地中海東部諸國和島嶼，特別是位於現代貝魯特附近的比布魯斯商貿中心。我們在拉斯沙姆拉（Ras Shamra）、夸特那（Qatna）和美吉多（Megiddo）等地發現了埃及王族的雕像，因此我們曾一度認爲埃及在中王國時期控制了地中海東部諸國和島嶼。雖然現在很少有學者持這種觀點，但是在那些咒罵文本中卻把埃及的這些鄰國列爲敵人。

第十二王朝成功地在國內建立了一個強大的政府機構，在國外又有相當大的影響力，這主要是由於它有效的管理體系發揮作用的結果。北部行政區、南部行政區以及「南部頂端」的行政區是埃及國內的三個主要的行政管理區域[62]。在塞索斯托里斯三世統治期間，各地的諾姆克們都受到了控制，而上埃及總督這一職位在此期間又得以恢復使用[63]。王朝在法雅姆（Fayyum）透過建造攔河大壩控制了河水的氾濫，爲墾荒提供了條件。這些新開闢的土地是由於國家整體上的繁榮昌盛以及王族的特殊努力而獲得的。塞索斯托里斯二世和他的孫子阿美涅姆黑特三世更是致力於建設法雅姆。他們把他們的金字塔建在附近地區，並以這個地區的古代鱷魚神索貝克（Sobek）即蘇克斯（Suchos）的名義建造了神廟供世人崇拜[64]。阿美涅姆黑特和塞索斯托里斯王朝以一個名叫索布卡拉—索布克諾夫魯（Sobkkare Sobknofru）的女王的統治而終結。她的在位時間是從西元前一七八九年到西元前一七八六年。我們可以從她的名字中看出當時對索貝克神的崇拜。

與這個王朝歷史有關的文學作品是很有價值的。這個王朝還有許多別的作品，但是這些很少是王族銘文。被派去採石的遠征隊，經常在被採的岩石表面或者獨立石碑上，留下了提供信息的記錄。其中有一個記錄了一位官員，自誇他一次特殊的夏季出征中，克服了各種困難[65]。他在山路上行走，腳上傷痕累累，那時正是大清早，大地才透著微光，而他和他的屬下最後還是帶著別人贈送的綠松石，成功地返回埃及。西奈的埃及神廟內豎立的幾塊石碑上，描繪了拉圖努（Retunu）巴勒斯坦王公兄弟與他的驢子之情景。

在中王國紙草書文獻中，在伊拉（Illahun）發現的歷史檔案內容特別豐富。它的內容包括有：關於接生的書，一本獸醫手冊，在塞索斯托里斯三世視察南部城市時，讚頌他的讚美詩，數學練習題，根據星座上升而定的節日日期之宣布，對準備各種崇拜儀式的指導文章，被盜物品的清單，家庭財產細目，無數官方書信以及作爲練習的模擬書信，關於遞送貨物和檢查貨物的敘述等[66]。

這些文獻中，有一份是關於一個人把他的財產轉讓給他的妻子文件，它具有現代遺囑的許多特點。財產讓與人詳細說明了他的妻子可以把財產轉讓給他們的任何一個孩子，並爲他的葬禮準備作了說明，還指定了他的一個朋友作他兒子監護人。與這份契約一起存放於當地檔案處的，還有一份財產讓與人在早先從他的兄長處繼承財產文件副本。

在阿比多斯對面河岸的一座陵墓中，我們發現了一系列資料，被稱爲萊斯內紙草（Reisner Papyri）。它向我們提供了建築工事時勞力支出的詳細情況[67]。這些資料內有：測量土木工事和大塊石料體積的方法，由監工排列的人員名單，一系列有關在船舶製造作坊中使用的銅製工具的修理等事務。內中還有由宰相下達的命令以及對裝載貨物和調遣人船的指示。

透過這些採石銘文、石碑、刻在石窟墓中的銘文以及紙草文獻的描述，第十二王朝官員的生活就生動逼眞地展現在我們面前了。

由於行政上管理得當，第十二王朝時期，埃及逐漸繁榮昌盛。這是一個由官僚和財政人員控制的時代。努比亞已被埃及所控制，而敘利亞和巴勒斯坦還沒有受到美索不達米亞王朝擴張的影響[68]。第十二王朝在經歷了兩個世紀（西元前一九九一年至一七八六年）之後，結束其統治。

第十三王朝到第十七王朝

第十三王朝是由國王索布克霍特普一世（Sobkhotpe Ⅰ）建立的。《杜林王室正典》上標明了它是在伊賽塔維法老們的統治之後建立起來的。這個王朝的法老們出身於底比斯家族，但他們卻繼續在北部實行統治[69]。雖然第十二王朝前後只有八個法老，他們卻統治了大約二百年的時間，雖然第十三王朝有十五至十六個國王（根據杜林王室正典記載），他們卻只統治了一百五十年的時間。

王位的交替顯然是很頻繁的。然而官員的在職狀況反而顯得很穩定，而且一直保持了世襲制。有一段時期，幾個法老相繼的統治，宰相這一職位一直是從父親傳到兒子手中。關於王位交替頻繁這一點，我們很難作出解釋，因爲當時的政治動亂規模都不大。有幾個法老的王位有可能是由他們的兄長繼承，而不是由他們的兒子承襲，因爲法老不可能是透過各種條件選出來的[70]。也有跡象表明這個王朝是由幾個家族分支組成，因爲有些法老與他們的前任之間毫無血緣關係。

當第十三王朝時期，埃及已逐漸走向衰弱。但我們在埃及境內各地發現了尼弗爾荷太普一世（Neferhotpe I）和索布克荷太普三世（Sobkhotpe III）的紀念物和銘文，由此可以得出他們還是控制著整個王國[71]。我們主要是從偶然發現的某月帳目上得知索布克荷太普三世的，當時他正出訪底比斯。在另一份檔案的資料中，羅列了附屬於一個埃及官吏家族的二百一十五個亞洲奴僕的名單。美那赫姆（Menahem）和薩普菲拉（Sapphira）的名字就來自於那些在埃及首次出現的名字。而索布克荷太普三世的繼承人尼弗爾荷太普一世（Neferhotpe I）的名字，就曾出現在比布魯斯神廟內一幅描繪比布魯斯王子延汀（Yantin）的浮雕中[72]。

我們也可以從位於阿比多斯的一塊石碑中，得知尼弗爾荷太普的情況，上面記載了他在那裡的營建活動。這一銘文的重要性在於它提到了法老爲了能夠正確地塑造「第一流的西方人」歐西里斯神的神像，專門到一個圖書館去查閱有關歐西里斯神廟的資料[73]。

在第十三王朝的某一個時期三角洲的西部地區脫離了王朝統治者們的控制，並以科伊斯（Xois）爲中心建立了一個獨立的王國，被稱爲第十四王朝（西元前一七一五年至一六五〇年）。根據曼內托在文中的描述，這個王朝的七十六位國王總共統治了一百八十四年的時間。但是除了曼內托的記載、《杜林王室正典》以及一些被荒棄的紀念物之外，我們對他們一無所知。考古挖掘對我們了解這一王朝的幫助也不大[74]。在尼弗爾荷太普和他之後的幾個法老的統治結束以後，埃及王國再一次分裂，三角洲的東部地區被一個稱爲西克索（Hyksos）的外來王朝所侵占。

在這個時候埃及進入了第二中間期，國土四分五裂。第十二王朝國王們的男性繼承人的斷絕，以及在塞索斯托里斯三世統治期間對諾姆克們的權力的約束，把行政官員階層推到了最顯著的位置上。他們之中有出自亞洲血統的移民，其名字屬於阿摩利（Amorite）即閃米特語族[75]。這時的王權很明顯地是由幾個法老家族不太規律地交替控制著。那就是說，在某個王族的幾個法老進行統治之後，由一個對立的王族繼承王位。

因此埃及就變得四分五裂了，三角洲西部地區從王國中脫離出去，在科伊斯建立了一個獨立政府（第十四王朝），三角洲東部地區處於西克索的統治之下（第十五王朝），小亞細亞君主建立的王朝（第十六王朝），以及傳統的「合法」王權，首先是在北部的伊賽塔維

（第十三王朝），後來又在底比斯（第十七王朝）。除此之外，努比亞的統治者趁機取得獨立，並獨自處理他們與全部或部分埃及政權之間的交往。西克索問題是歷史上的一個重要主題，涉及許多對立的闡述[76]。關於西克索，曼內托有一段敘述，猶太歷史學家弗拉維斯·約瑟夫（Flavius Josephus）作了如下的敘述：

圖提馬奧斯統治時期，不知是什麼原因，致使神對我們進行懲罰，而且我們不曾料到來自東方的一個無名民族，帶著必勝的信心開始入侵我們的國土。他們依靠強大的軍隊，不費吹灰之力就占領了我們的國土，他們在制伏了國王之後，就毫無人道地放火燒燬了我們的城池，把眾多神廟夷爲平地，並殘忍地對待所有埃及人。許多人被殺，而另一些人的妻子和孩子們則被淪爲奴隸。最後，他們任命他們中的一個名叫薩利提斯（Salittis）的人爲國王，他建政權於孟斐斯，向上埃及徵收賦稅，並在最富饒地方駐紮他的軍隊[77]。

學者們仔細的研究了這一描述進行，並試圖識別出這一入侵埃及的無名民族以及當時巴勒斯坦境內的政權背景。第十八王朝的哈特雪普蘇女王的一個銘文，也似乎證實了這一「入侵」的可靠性。在文中，她聲稱在「停止崇拜瑞神」之後，她重建並恢復了神廟的正常秩序。哈特雪普蘇繼承了一個繁榮昌盛的帝國。其祖父阿赫摩斯一世趕走了西克索人，其父圖特摩斯一世征服了第四大瀑布以南及東部至幼發拉底河的廣大地區。如今，她暫居攝政王之位，以待其年幼的侄子長大成人即位，此時，哈特雪普蘇向更廣闊的區域拓展[78]。而另一些人在讀了這些資料之後，則認爲約瑟夫敘述是帶有宣傳性的。

實際上，西克索人是使用「瑞神的兒子」這一頭銜的，在許多情況下，他們把瑞神的名字和他們自己名字結合起來。而且我們甚至沒有證據能完全證實他們曾在那時拆毀過神廟，而當時整個王國的運轉情況似乎很正常[79]。一些知名學者試圖從這一無名民族中（根據他們的統治者的名字），找出一些胡里人（Harrian）和其他印度歐羅巴人（Indo-European）的因素。然而，大多數的學者還是認爲：雖然這些統治者確實屬於外國血統，並有某些胡里人的因素，但他們屬於阿摩利即閃米特西北部的民族。阿摩利各民族曾經生活在敘利亞和巴勒斯坦境內。三角洲的東北部地區，正逐漸被來自南巴勒斯坦的阿摩利人所侵占。在第二中間期的某個時期，他們中的一個大地主控制了一大塊區域，並透過政變，自稱爲王。在同時期的這些文獻及《杜林王室正典》內，把這些法老稱爲「Heka-hoswe」（西克索語），意思是「外國的酋長」。這稱呼在中王國時代已經出現，並非一個專有名詞，乃泛稱巴勒斯坦地區的君長[80]。

與第十三和第十四王朝的法老不同的是，這些西克索統治者維持了相當長時間的統治，國力逐漸強大，並很快就把勢力擴展到埃及的大部分地區。但是，西克索人在控制了三角洲西部地區後，是排擠了科伊斯王朝的統治者了呢？還是把他們當作藩屬？對於這個問題，我們還不能作出回答，由於西克索王朝的勢力日益擴大，有可能使後者淪爲屬國。它的兩個主要的統治者是刻延（Khyan，他的名字被有些人認爲是阿摩利語）和奧塞拉阿培彼（Aauserre Apopi）[81]。後者統治了四十年的時間。在他的統治期間，底比斯勢力明顯得到恢復，西克索被迫開始從埃及國土上撤退。

一個奧地利考古隊在三角洲東部的夸提爾（Qantir）附近的泰爾埃德迪巴亞（Tell ed De-baa）進行了有系統的挖掘，由此我們在近期對這一時期有了進一步的了解[82]。在此處，有一座神廟和墓地遺址已重見天日。墓中的屍體身材高大，不像是以埃及人爲代表的地中海地區人體形，也不像巴勒斯坦和敘利亞境內的閃米特人。墓中非埃及製造的陶瓷和其他物品與中青銅時代巴勒斯坦的物品相同。

從考古學的角度來看，這個地區似乎確實是位於巴勒斯坦境內。其中最具代表性的一件陶器是被稱爲泰爾埃爾亞胡迪耶（Telle el Yahudiyen）的器具。這些通常佩帶著短劍的人死後，是由一對小的馬科動物驢或是野驢進行陪葬的。在中王國晚期以後，西克索統治之前，有一次破壞活動。如果挖掘者對這些在泰爾埃德迪巴亞發現的資料分析正確的話，那麼約瑟夫（Josephus）的敘述就有可靠性了。

下一個時代被稱爲「爭取自由的鬥爭時代」，這稱號本身具有某種宣傳性。而我們有關這個時代的資料是來源於底比斯，而不是西克索[83]。埃及人表面上對西克索人的王朝表示容忍，但是在內心深處卻依然將西克索人看作是可恨的「亞洲人」[84]。一篇名爲〈阿培彼和塞肯內拉之間的爭論〉（Contending of Apopi and Seqenenre）的文學故事中，講到西克索法老阿培彼辱罵底比斯的統治者塞肯內拉（第十七王朝），談到某一個池塘裡的河馬發出的聲音太吵，這個池塘可能在底比斯，或者在三角洲地區底比斯的一塊領地內[85]。這個故事的結局沒有被保存下來，但我們可以從中看出塞肯內拉拒絕服從西克索法老的命令。這場戰爭的眞正的「英雄」是卡莫斯（Kamose）和阿莫斯（Ahmose）兩兄弟。豎在卡納克（Karnak）神廟中的兩塊石碑保存了他倆事跡的詳細情況[86]。其中一塊石碑（現已破碎）的部分內容被複製到一塊書寫木板上[87]。卡莫斯把他的大臣們集中起來，宣稱他對王權分裂現狀十分不滿，他不願意繼續與北部亞洲人和南部努比亞人共同分享王權。而他的大臣們則甘願安於現狀，他們勸告卡莫斯不要發動戰爭，生怕得不償失。他們指出，在北方他們還有地方餵牛，而且到第一瀑布地區爲止的疆域還很堅固。而卡莫斯則沒有聽從他們的勸告，率領著底比斯的軍隊和努比亞人組成的僱傭軍向北推進，攻陷了上埃及第十五諾姆的一個城市尼弗魯西（Neferusy）。當地的統治者是阿培彼的一個藩臣。其後有一部分的情節遺失了。在這以後，卡莫斯包圍了西克索的王宮所在地阿瓦里斯（Avaris）。他們抓住了西克索的一個使者。他帶著阿培彼書信去見努比亞君主。在信中，阿培彼建議他們聯合起來與卡莫斯作戰，一個從北進攻，一個從南進攻，兩面夾擊。信中寫道：「然後我們就可以平分埃及了[88]。」

卡莫斯回到底比斯慶祝他所取得的勝利。然而，很明顯地阿瓦里斯沒有被攻陷，西克索人也沒有被驅逐出埃及[89]。這項艱苦的任務就留待他的兄弟和繼承人阿莫斯，即第十八王朝的第一個國王來完成。

第六章

新王國時期

新王國自西元前一五六七至一〇八五年（商朝仲丁至西周成王在位）[1]。新王國時期涵蓋了第十八王朝、第十九王朝及第二十王朝。這時期的埃及對外積極的擴張，但人民的精力卻爲戰事所消耗，文化的進步也因此遲滯了。此時埃及的國都已由孟斐斯移至尼羅河上游的底比斯。最著名的對外擴張的法老是圖特摩斯三世。他組了一支強大的軍隊，親自擔任統帥，把埃及的版圖向東擴張到亞洲的幼發拉底河，向南擴張到紅海南岸。

第十八王朝

第十八王朝（西元前一五六七至西元前一三二〇年）隨著阿莫斯大約於西元前一五五八年的繼位，西克索人亦被逐出了埃及，整個國家在南方領導之下又再次重新統一，埃及把它的命運與其周圍鄰國的命運聯繫起來，在它的歷史上亦開創了一個全新的時代[2]。底比斯的君主們繼續向北推進，直到五十年後埃及軍隊渡過幼發拉底河爲止。在巴勒斯坦境內的美吉多以及敘利亞奧倫特斯內的卡疊什，埃及軍隊進行了幾次戰爭。且在孟斐斯以南一千二百八十英里的蘇丹境內，加巴爾巴卡爾（Gebel Barkal）興建了許多埃及神廟。透過這幾次對外遠征，埃及積累了大量的財富，從而改變了埃及社會的狀況。埃及再也不是一個封閉的尼羅河王國[3]。這是一個政治和外交活動極其活躍的時代。

這個時代重要的國家有埃及，以及位於幼發拉底河流域中部的米坦尼王國、位於安納托利亞的西台王國、位於美索不達米亞北部的亞述和南部的巴比倫，以及敘利亞和巴勒斯坦境內的一些小國，包括阿摩利人、迦南人、海上民族以及高加索地區的部落，他們改變了近東地區的政治和文化結構，並在希臘和愛琴海地區的早期歷史中發揮了一定的作用。阿摩利人從東北、努比亞人從南部、利比亞人從西部進入埃及境內，並且地位提高到了重要的位置上，因此埃及成了一個民族熔爐[4]。由阿莫斯所建立的圖特摩斯王朝，即第十八王朝維持了大約二百五十年的時間。後來它被荷倫希布（Horemheb）所建立的拉美西斯王朝，即第十九王朝和第二十王朝所代替，他們持續了大約二百二十年的時間[5]。儘管新王國紀念物屢遭破壞和挖掘，墓地也經常被劫掠，以及大城市的住宅增多，但新王國的那些遺跡依然是世界上的名勝奇觀。其雕塑、繪畫、文學等藝術遺產，和這個時期的法律、管理檔案也同樣地引人矚目。

第十八王朝可以分成幾個部分。王朝早期的阿莫斯階段包括有阿莫斯（西元前一五五八年至西元前一五三三年）、阿門荷太普一世（Amunhotpe Ⅰ，西元前一五三三年至西元前一五一二年）圖特摩斯一世（Thutmose Ⅰ，西元前一五一二年至西元前一五〇〇年）和哈特雪普蘇（Hatshepsut，西元前一四九〇至西元前一四六九年）這幾個法老的統治[6]。雖然在驅逐西克索人之後還有幾次軍事戰役，但這個階段基本上是非軍事性的。

然而，圖特摩斯一世卻有可能自誇埃及帝國的疆域南到第三瀑布，北到幼發拉底河。作爲王朝的第二個主要階段，我們可以把圖特摩斯三世、阿門荷太普二世以及圖特摩斯四世的統治時期包括在內。而這個階段的前兩位法老的統治時期則與以前的階段相反，它完全是軍事性的，在敘利亞和巴勒斯坦境內幾乎每年都有戰爭爆發[7]。王朝的第三個階段包括圖特摩斯四世最後階段的統治，以及阿門荷太普三世的全部統治時期。

在這個階段內，王室內極其奢侈豪華，宮殿和神廟的建築規模前所未見，在國外的軍事活動極其頻繁。王朝的第四個階段包括有阿門荷太普四世，即阿肯那頓（Akhenaten）的非凡統治時期以及斯門克卡拉（Smenkhkare）、圖坦卡門（Tutankhamun）和愛伊（Ay）這幾位國王的統治時期。王朝的第五階段，即最後一個階段是荷倫希布的統治時期。它體現的是與之前的幾個階段完全不同的景象。這個由雷德福特製定的第十八王朝的年表，不是不可以更改的[8]。雖然我們能夠確定某些法老的統治時間，但其他一些法老的統治時間則要進行推測估算。就像其中互相重疊的執政時期所顯示的，當時存在著共同執政時期，在此期間，一個法老在他的前任還沒有退位時就開始實行統治。

在敘利亞、亞述、西台王國以及巴勒斯坦和敘利亞的城邦內發生的大事，一定能與埃及的年表內容相吻合，而且我們在估算埃及國王的統治時間時，一定要考慮到這些情況[9]。有些學者把第十八王朝的終結時間定於西元前一三二〇年，而另一些人則認爲需要與西亞所發生的大事相吻合作爲部分基礎，把王朝的終結時間定於西元前一三〇三年。

我們腦中的詞彙表中塞滿了歐洲編史工作時所用的術語，以至於我們在對埃及歷史上的某些類似情況進行描述時，使用了「文藝復興」、「宗教改革」和「反革新」（Counter reformation）這些詞彙。這些術語，甚至對於歐洲的歷史來說，已失去了一定的價値，因爲隨著研究的進一步深入，這些術語都具有侷限性[10]。所以無論如何，我們對於用這些術語來描述埃及第十八王朝的類似情況，必須進行各種限制[11]。王朝前三個階段有文藝復興的成分。而重新獲得統一的埃及亦尋求與過去之間的聯繫。中王國時期的雕塑和繪畫風格重新流行，但是經過改變後，這些風格顯然是屬於新王國。

在一定程度上，王朝對過去的文學也進行了研究，像〈對美利卡拉之教諭〉之類的文章被抄寫下來。歐洲文藝復興時期的開闢新航路與哈特雪普蘇派人去蓬特以及埃及對南部的努比亞、東北部的敘利亞和巴勒斯坦的滲透有許多類似之處[12]。在某些方面，阿肯那頓時代可以與歐洲的宗教改革相提並論，除了埃及法老與馬丁路德之間毫無聯繫外，我們很難想像有什麼其他的不相似之處。在其關鍵因素中，阿頓教（Atenism）象徵著對太陽神信仰的復興，這是對阿蒙神的信仰公開反叛[13]。法老對阿蒙神的背叛可以從抹去現存紀念物上的阿蒙名字、轉移王宮和首都、在邊界界碑上和城牆上刻寫新教義和恢復金字塔建造者時期的獨裁統治中體現出來。而荷倫希布所推行的政治、宗教和軍事政策則可以看作是一種「反革新運動」[14]。

傳統歷史中，對每一個統治時期都可以用以下五個方面來分析：第一，統治時間的長度，是否實行共同攝政制度以及法老的出身和家庭；第二，行政管理部門的掌權者和大臣們的名字和職業、阿蒙神廟的主要管理人員、國庫的監管者、糧倉的監管者等等；第三，法老建造宮殿和神廟、王族陵墓和金字塔、埃及的公共設施的建築規劃；第四，法老們在努比亞以及南邊鄰國的活動；第五，埃及在西亞活動[15]。研究類似宰相之類的職位，並跟隨著這一職位的擁有者從王朝開始到結束之時是有可能的。

我們也可以透過對一個神廟的擴建和重建來追溯某個王朝的歷史。我們也有可能查出埃及在王朝的某一段時間內，與一個具體的外邦，例如努比亞或西亞之間的聯繫。雖然有關新王國的文獻資料內容相當廣泛[16]。但就埃及的綜合管理方面來說，我們至今還不能整理出中央政府的各個行政管理部門、神廟以及地主和佃農徵收賦稅和分配產品的具體方式。

驅逐西克索人的戰役持續了很長的時間。有關這一戰役結局的資料是上埃及第三諾姆卡布內肯（Kab-Nekhen）的貴族墓誌銘[17]。在阿莫斯統治時期，伊巴那（Ebana）的兒子，一個叫阿莫斯（Ahmose）的貴族詳細敘述了他在三角洲地區圍攻阿瓦里斯之戰的情況，他是在其中的一艘戰艦上作戰[18]。當埃及軍隊最後攻陷那個城市後，他俘擄了一個男子和三個女子，他們後來被賜給他作奴隸。而圍攻南巴勒斯坦的一個名叫沙魯亨（Sharuhen）的城市戰鬥則持續了好幾年，當這座城市最後被埃及軍隊攻陷時，伊巴那的兒子阿莫斯又得到了類似的賞賜[19]。當戰線移到埃及南部的邊界地區時，他也參加了戰鬥並比前次多受賜了五個奴隸。

他在家鄉還被賜予五塊田地。埃爾開布（el kab）的另一個貴族在他的墓誌銘中，敘述了他從阿莫斯統治時期一直到阿門荷太普一世統治時期所經歷的戰爭，以及在圖特摩斯一世和二世統治期間和哈特雪普蘇與圖特摩斯三世共同統治時期所經歷的戰爭[20]。他羅列了他在每一個時期戰爭中所得到的賞賜，其中包括有手鐲、項鍊和金袖帶。毫無疑問，他也得到了奴隸和土地。他在晚年被召到王宮中去教育哈特雪普蘇的女兒，即其繼承人尼弗魯拉（Ne-frure）。這些戰士是第十八王朝的一個獨特組成部分，即在努比亞和巴勒斯坦作戰、在國內則鎮壓叛亂者。他們被賜予大量王族領地以及從戰爭中俘獲的戰利品以作爲回報。

努比亞因其通往南部商業中心的商路，以及在其東部沙漠中的金礦開採而顯得日益重要。那時近東地區有自己的黃金交易標準，而埃及爲了保持它作爲一個主要黃金生產國地位，則需要開採努比亞境內的金礦來補充其金礦出產量。我們可以從位於努比亞沿河一帶的岩石雕鑿和卡莫斯石碑（Kamose Stele）上所刻的有關西克索國王寫給努比亞國王的書信記載中看出，在第二中間期，努比亞的部落首領已經完全獨立統治[21]。

努比亞人在第十八王朝之初恢復了自治，這可以從阿莫斯、阿門荷太普一世和圖特摩斯一世在南方親自指揮的幾次戰役中得到證實[22]。以後，努比亞人又經受了新繼承王位的圖特摩斯二世率領下的埃及軍隊的進攻。圖特摩斯一世在第三瀑布以北的托姆伯斯（Tombos）豎起了一塊石碑，以紀念他所取得的勝利。石碑上，他自誇他的疆域已到了幼發拉底河——「一條逆流而不是順流的河流」。這一奇怪的定義，反映了埃及人對這條不像尼羅河那樣向北流，而是向南流的河流感到驚訝。

早在卡莫斯和阿莫斯統治時期，有些官員就被稱爲法老的兒子（而實際上不是如此）而統治努比亞。這一頭銜以後被表述爲法老的兒子庫什（Kush），相當於努比亞的總督。法老的兒子庫什就成了努比亞的行政首領，在努比亞徵收賦稅，主持金礦開採活動，而且他是努比亞本土官員的最高統治者[23]。在努比亞的庫班（Kuban）通往金礦開採區的主要道路附近，以及在第二瀑布的瓦迪哈爾法（Wadi Halfa）所豎立的石碑上，刻有下達給法老的兒子圖爾羅伊（Tjuroy）的一道法令。在法令中，圖特摩斯一世向努比亞的總督宣布了他繼承王位的通告，並指示總督把他由五個部分組成的正式名字，用於法定誓約和神廟中的供奉儀式上。

到了王朝末期，描繪總督胡伊（Huy）指引著隨帶努比亞產品的進貢行列，出現在圖坦卡門面前的情景。在這些各式各樣的進貢物品中有長頸鹿、猴子、象牙、各種獸皮、由駝鳥的羽毛製作的扇子以及次等的寶石，當然還有金錠和成袋的金粉[24]。王朝在努比亞和蘇丹境內建造了許多埃及神廟。其中最著名的是位於索勒布（Soleb）的阿門荷太普三世的神廟，以及位於阿布辛貝（Abu Simbel）的第十九王朝的拉美西斯二世的石窟神廟。在第二十王朝末期，努比亞總督彼安基（Pinhasy）的實力似乎很強大，他脫離了埃及的控制而且有可能把埃及最西端的那個諾姆劃入自己版圖之內[25]。

第十八王朝的早期階段，可以看到有很強的母權制傾向。王后和其他的王室婦女都起到重要的作用，而且哈特雪普蘇最

圖 6-1　阿布辛貝的拉美西斯二世石窟神廟　王惠玲攝

圖 6-2 拉美西斯二世爲妻子所建石窟神廟，同樣位於阿布辛貝，就在他自己的旁邊　王惠玲攝

後取得了統治地位，這點可以部分解釋爲是這一因素作用的必然結果。阿莫斯在阿比多斯爲他的祖母太提雪利（Tetisheri）王后和他的母親阿莫斯王后（Queen Amose）建造了一座紀念性的建築物，這一事件被記錄在提埃爾巴哈利（Deir el Bahri）的浮雕中[26]。這一王朝的祖先可能是努比亞人，這點可能是這個母權制盛行的一個重要原因。

在國王的墓室和享殿中出現了一些重要的新特徵。其最明顯的一個特徵是墓室和享殿的分離。在新王國時期，法老墓室是建在位於荒涼山谷中的石窟墓內。這些陵墓是以一系列狹長的墓道爲特徵。與陰間有關的一些墓室銘文被刻在墓室牆壁上[27]。在墓室的牆上還有包括陰間地理環境及其看守人的畫面。在某些墓室頂上還繪有天上的星座圖。

這些陵墓是打算永遠與外界隔絕的，陵墓入口被祕密地遮蔽起來。法老石窟墓位於尼羅河同一岸的底比斯平原上，與尼羅河東岸的那些大神廟相對，此外還建造了供世人崇拜他們的享殿[28]。而這些享殿沒有任何通道通往那些法老的陵墓中。

自此以後，古王國和中王國時期的金字塔建築群所具備的埋葬和崇拜兩種功能就在實質上得以分離了。圖特摩斯一世的建築工事的監管人是伊內尼（Ineni）。在他的墓誌銘中，除了記載他在卡納克神廟建造門樓以及在門樓上豎立的頂部鑲金旗幟，以及門樓前法老的方尖碑之外，還記述了他建造法老陵墓的詳細情況。他去視察破土情況時，是「一個人，沒有人看見，也沒有人聽見」[29]。這些享殿在採石

圖 6-3　位在卡納克神廟的方尖碑　王惠玲攝

和徵用土地進行耕作的過程中受到了極大的損壞。極少有未被損壞的。

然而，建於提埃爾巴哈利的哈特雪普蘇享殿及其周圍的建築則完全遷移了這個氾濫平原，避免了被徵爲耕地。位於美提內特哈布（Medinet Habu）的拉美西斯三世的享殿也被保存了下來，有一部分原因是它當時是作爲堡壘之用，而以後又成了哥普特人的一個教堂和聚居地[30]。

在圖特摩斯二世死後，圖特摩斯家族的王位繼承進入了一個特殊階段。有些情況直到最近還沒有弄清楚，但現在似乎認爲在法老死後，王位由他的一個次子即以後的門克佩拉—圖特摩斯三世（Menkheperre Thutmose III）以及法老的妹妹及王后哈特雪普蘇共同繼承[31]。

實際上，政權卻不在年輕的國王手中，而是在他的繼母手中。她宣稱自己爲法老，而不是王后。在她的一些雕像中黏著鬍子，在她的一些銘文中使用了對男性的稱呼，例如「陛下」爲「His Majesty」，而不是「Her Majesty」。在這一共同統治時期，國家的實權很明顯地掌握在哈特雪普蘇的手裡，但她在圖特摩斯三世統治的第二十一年就死了，而他則繼續統治著王國，直到他死於他在位的第五十四年。在他的統治末期，哈特雪普蘇的紀念物引起了人們的反感[32]。她的雕像遭到破壞，而且王室成員碑上的裝飾則經常更改。

圖特摩斯一世和圖特摩斯二世的名字被鑲嵌到她的碑上裝飾中，這一情況使得前一代學者們認爲他們曾被廢黜，而在她死後，又重新登上了王位。雖然在她統治時期，很明顯地有幾次軍事戰役，但哈特雪普蘇卻是以她的陵廟及其周圍建築而聞名於世的。建築在新王國時期發生了重大變化，再也不大量建造金字塔了。爲了防止盜墓者，新王國法老都葬在帝王谷的隱祕崖墓中，有時從山坡邊鑿一條長達一百五十公尺的隧道才能到達墓室。這一建築物建於第十一王朝的內布赫彼特—門圖荷太普的享殿以北，前者受後者的啓發而建成的。且戲劇性地利用了陵廟後面壯麗的懸崖峭壁這一地理環境，使建築背靠著懸崖面對著尼羅河。整個建築由於懸崖的襯托顯得異常雄偉[33]。在該處發現了一個上面刻有哈特雪普蘇獻給內布赫彼特拉的題詞石碗[34]。這一享殿以一條把各層建築連接起來的斜面走道爲特色。走道的兩側有露天庭院，庭

圖 6-4　哈特雪普蘇爲自己建的陵廟　王惠玲攝

院四周是由上面有頂的門廊構成護牆，前面是一橫排柱廊。門廊上所刻的浮雕比最上一層平台上所刻的崇拜圖案更具重要意義。

中間那層平台的柱廊南邊，是一組具有特殊重要意義的浮雕。浮雕中顯示了一次去蓬特的遠征。它可能是位於紅海沿岸的一塊非洲國土，它爲建造埃及的神廟提供了一種芳香樹脂[35]。其中描繪了五艘大船在大臣內赫瑟（Nehsy）率領下離開埃及去這一遙遠國土的情景。他們受到名叫帕拉胡（Parehu）的蓬特王子以及他的身材高大、背部凹陷的妻子埃提（Eti）的迎接。內中還有一頭驢，可能是馱她過來的。圖中顯示的蓬特國土上有用樁支撐的帶有圓屋頂的棚屋以及包括長頸鹿、河馬、無尾猿、狗和珍貴的沒藥樹在內的動植物。蓬特人爲了獲得埃及的商品，把這些芳香樹連根拔起贈送給他們以利於運載[36]。他們還贈送給埃及人成袋的芳香樹脂、象牙、獸皮以及幾個蓬特人和他們的子孫。我們得知這次遠征是第一次到達這一遙遠的國土，而且是因爲阿蒙的一個預言命令女王這麼做的。最後，在遠征隊伍回到底比斯時，哈特雪普蘇把這些物品貢獻給了阿蒙。這些圖案及其文本必定給那時候的參觀者以生動逼眞的印象。

同一層即中間的平台北邊，是一組顯示女王的神聖誕生圖案。這些圖案強調了她繼承王位是正當的，所以具有一定重要性。在走道南面的下一層平台柱廊內，有描繪運送兩塊方尖碑的浮雕[37]。這兩塊方尖碑首尾相接放在一條大船上，這條船則由三排划槳的大船，總共二十七艘大船拖著，船上共有八百六十四個划槳手。

除此之外，每排船前還有一艘領航船，因此另外還有三條船與這艘運送方尖碑的大船同行。走道北面的柱廊內有顯示把這兩個方尖碑奉獻給阿蒙神的浮雕。下一層平台的另外一些銘文提及了女王時期的努比亞戰役。哈特雪普蘇顯然是由宮中一些人支持的，這些人可能是以她的主管事和建築工事的監管者塞姆特（Semut）以及阿蒙神的高級祭司爲首[38]。有資料表明塞姆特負責建造了她統治期間的許多建築工程。他還被任命管理她的嗣女尼弗魯拉的財產。而且很明顯地他一直受到寵幸，在圖特摩斯三世統治期間他還在朝中供職[39]。

圖特摩斯三世在他繼母在世時所起的作用不大。他可能在共同統治期間在軍事活動方面也無所作爲。而在圖特摩斯三世統治的第二十一年，哈特雪普蘇去世了，同時巴勒斯坦和敘利亞的一些城市發動叛亂[40]。雖然在王表上沒有列出哈特雪普蘇女王的名字，但很明顯她的銘文是直到圖特摩斯三世統治的後期才被遮住或抹去的。在圖特摩斯三世獨立統治的三十二年中，與他的兒子和王位繼承人阿門荷太普二世統治的二十五年中，埃及的戰爭機器是效率最高的，破壞性也是最強的。

回顧一下歷史，圖特摩斯三世似乎是有組織地進行了一系列的戰爭。在他統治的第二十二年，他到達邊界要塞哲勒（Tjel），並率領軍隊向北推進與「叛軍」作戰。然後他到達加薩走廊（Gaza），第二天他又離開加薩走廊去了耶黑姆（Yehem）[41]。他和大臣開了一次會議，討論關於去美吉多的最佳路線。當時，在美吉多聚集了以卡疊什（Kadesh）王公爲首反對圖特摩斯三世統治的聯盟軍隊。圖特摩斯三世沒有按慣例聽取大臣的建議，而取道路狹窄、不利於行軍的阿魯那（Aruna）路線。我們可以從有關這次戰役的歷史記載中得知他作戰策略的詳細情況[42]。最後敵軍及其盟友被迫狼狽退入要塞中，而埃及軍隊則繳獲了大量戰利品。埃及軍隊取得這一次戰役勝利，美吉多處於埃及軍隊包圍之中。

歷史資料通常用一句話來記載這個城市陷落情況。即「占領了美吉多就等於奪得了一千座城池」，這是圖特摩斯總共十七次遠征中的第一次，其他具有重要意義的還有第五次、第六次、第七次和第八次出征[43]。第九次、第十次、第十四次、第十七次率軍遠征，則只是對叛亂者的討伐，第二次、第三次、第十三次遠征則可能只是對王國進行巡視，第十五次和第十六次出征的情況是從貢品的名單中得知的，而對於第四次、第十次和第十二次遠征，則不能找到任何歷史記載[44]。

鞏固了第一次勝利成果之後，圖特摩斯三世取得了對敘利亞港口城市的控制權，爲攻打卡疊什作了戰前準備[45]。在比布魯斯建造了許多船隻，這是供法老率領軍隊到幼發拉底河作戰而準備的。圖特摩斯三世在幼發拉底河西岸圖特摩斯一世建立的界碑旁又豎了一塊界石。

戰爭在許多現今可以鑑別的城市中進行，例如阿勒坡（Alepp）附近的瓦恩（Wen）和卡切米什（Car-chemish）。在許多歷史文獻中以及與這次戰役有關的石碑銘文中和一些主要官員的墓誌銘中，都記載了這次戰役的詳情[46]。例如，卡疊什的王公把一匹壯馬無償送給埃及軍隊，而那匹馬卻很快就被一名軍官殺死。在尼伊（Niy）附近，出現了共一百二十頭大象群，而一頭向前衝鋒的公牛則差一點把法老撞死。

埃及眞正的敵人似乎是位於幼發拉底河流域中部的米坦尼王國，它在當時控制著整個西亞。在詳細記錄的埃及所徵收的貢品中，包括有米坦尼的附屬國，亞述和巴比倫所貢的天青石。這些巨大的財富源源不斷地流入神廟中，由此產生了一些財力雄厚的宗教機構。尤其是位於底比斯的阿蒙——瑞（Amun-Re）神廟成了主要的土地和錢財的擁有者，並從各次征戰中俘獲了許多奴隸。

阿門荷太普二世保持了軍事征服者這一傳統形象。在他對亞洲一次重要的遠征中，他穿越了奧倫特斯河，占領了那個地區的許多敘利亞城市。在努比亞的阿馬達（Amada）地區的神廟中，有塊石碑記載了在底比斯祭獻七名敘利亞王子的情景。其中六個人的屍體被頭朝下懸掛在底比斯的城牆上，而第七個人的屍體則在第四瀑布下游、蘇丹境內的一個大城市那培塔（Napata）以同樣的方式示眾[47]。在這次征戰中，還擄回了大約七萬一千個奴隸。阿門荷太普二世是傳統的「喜愛運動國王」的典型代表，在許多銘文中都記敘了他的勇猛。據說他曾對著金屬靶子拉弓射箭而將靶子射穿了[48]。在浮雕中也顯示了他進行這些射箭練習的一些圖案。

圖特摩斯四世統治時期，近東地區的政治發生了變化。米坦尼成了這一地區的強國，而東邊的亞述則成了它的一個附屬國。此時位於安納托利亞的西台王國還未對它構成威脅[49]。而後來西台王國的崛起及其對敘利亞北部事務的干涉，使得米坦尼和埃及雙方，都清楚地意識到它們兩者聯合起來對雙方都有益處。

這一舉動似乎是由埃及人發起的，因爲圖特摩斯四世曾給米坦尼的阿塔塔馬（Artatama）寫了七封信，要求阿塔塔馬把一個女兒嫁給他（這一策略在阿門荷太普三世統治時期繼續得以施行，在他的後宮中至少有兩個米坦尼的公主）。因此我們推測圖特摩斯四世可能不是他的前任的長子[50]。位於吉薩的獅身人面像腳爪之間有一塊圖特摩斯四

圖 6-5　小尊獅身人面像　王惠玲攝

世的石碑，上面敘述了年輕的王子圖特摩斯在一次獵獅行動中所做的一個夢。在睡夢中，太陽神出現在王子面前，告訴他如果他把掩藏在泥沙之中的獅身人面像取出來，就讓他繼承王位。在圖特摩斯把獅身人面像從泥沙中挖出來之後，他成了埃及法老，並在那裡豎起了一塊石碑[51]。

我們有關新王國的信息來自於許多種資料。例如，其中有提供一次戰役或事變詳細情況的國王石碑，上面提到描述圖特摩斯四世做夢一事的石碑就是其中一例[52]。其他的主要例子還有概述阿門荷太普二世遠征奧倫特斯河所進行的戰役，和繳獲戰利品的石碑複製品。而石碑上的描述經常對法老神廟牆上的歷史記載起補充作用[53]。例如，在蘇丹境內的加巴爾巴卡爾（Gebel Barkal）的一塊石碑上，就記載了有關圖特摩斯三世在敘利亞幾次戰役的補充資料。還有一份關於遠征敘利亞的資料，它來源於卡納克神廟中的一組浮雕，上面描繪了被帶回埃及的各式各樣的亞洲植物標本。標本上還帶著根，就像在一個植物博物館內[54]。那個時候的大臣陵墓，則提供了有關他們職官活動的資料。而其中最重要的宰相陵墓，是位於底比斯的賴克米拉（Rekhmire）陵墓，一些銘文和圖案對他的職業和職責進行了相當詳細的描述[55]。墓中的藝術作品和銘文是了解新王國時期的生活和時勢情景的極佳的引導性資料，其中最著名的一個銘文是法老在他任職時所作的演說，他說道：「請注意宰相這一官職，……因爲它是整個王國統治的基地。就宰相這一職位來說，確實一點也不輕鬆，它就像膽汁那麼苦澀！……看到那個你曾熟識的人，就像是你從來沒認識過他。……不要在你還未傾聽申訴人的請求之前匆忙行事。」[56]

同一墓中的另外一些銘文中，列出了宰相的職責所在。其中有一大篇顯示來自上埃及各個城市的納稅者情景。賴克米拉還接受了來自國外的貢品，包括努比亞進貢的一頭長頸鹿和敘利亞進貢的馬匹[57]。他還視察了阿蒙神廟中的作坊。那裡除了建造其他物品外，還製作法老的雕像。在墓室牆上的繪畫展現了建築工事，從事農業以及墓中的活動情景。其中的許多繪畫都是極其罕見的佳作[58]。除了法老的石碑以外，其他的資料來源有神廟牆上和私人墓中的浮雕和銘文所描繪的有關各次戰役的記載。

阿門荷太普二世早年的一個戰友，在王宮中與他一起長大的一個貴族、被任命爲努比亞總督。這個名叫烏瑟沙提特（User-Satet）的貴族收到了一封信，並把它的內容記錄在一塊石碑上[59]。這封信的體材並不像法老所寫的正式公文那樣。

信中法老回憶了他們倆在敘利亞的那些日子，以及烏瑟沙提特在比布魯斯、巴比倫、北敘利亞的阿拉拉克（Alalakh）和阿拉普克哈（Arapkha）被賜予的那些被俘女子，然後法老又告誡烏瑟沙提特總督不要太寬容努比亞人。信中還提到了塔克塞（Takhsy）的百姓，那七個被獻祭給阿蒙神的王子就來自那裡。烏瑟沙提特的結局很悲慘。他是政治上失寵了呢？還是被控告有盜竊或其他犯罪行爲呢？對這一點我們還沒有弄清楚[60]。但是他是因爲某種原因而導致法老對他的敵意。這可能發生在阿門荷太普二世死後，而他在亞斯旺地區的碑文被磨滅了。他的墳墓至今尚未找到，有可能已遭破壞。

還有一些上司寫給下屬的紙莎草信件以及下屬寫給他們的上司的報告書。在其中的一封信中，阿門荷太普二世統治期間底比斯的市長通知一個農莊主，說他即將到達底比斯以北的上埃及第七諾姆首都的消息[61]。信中他指示那個農莊主採摘供奉祭祀使用的鮮花，準備好裝牛奶的新罈子，並砍伐大量的樹木。他寫道：「**不要讓我在那裡找到岔子，而影響你的升職……現在提醒你注意，做事千萬不要馬虎，因爲我知道你很懶……**」[62]。這是一封上司寫給一個與他官職差幾級的低級官吏的命令式書信，信中沒有問候語和結束致辭。而實際上這封信並沒有傳遞下去，信的封口是密封未拆的。

透過大量的資料，我們對一些重要官員都有了瞭解。除了墳墓之外，我們還可以找到他的雕像。他的名字還有可能出現在採石場岩石上所刻的銘文中、紙草書信以及那些供奉給神廟的物品上[63]。

阿門荷太普三世的統治標誌著王朝命運的又一個階段。歷史學家對他比較有好感，稱他是「偉大的法老」，因爲他在第一階段的統治後，就很明顯地對戰爭和體育運動不感興趣了。在一些反映年老法老的浮雕、雕像和小雕像中，他就顯得很胖，甚至很虛弱[64]。除了在統治的第五年和第六年，他率領埃及軍隊與努比亞作戰的一次重要出征外，他可能就覺得沒有必要主動與埃及的敵人作戰了。

他的祖先們透過戰爭建立了一個帝國，而命運決定了他過著靠祖先們的成就享受勝利果實的生活。在埃及全境以及蘇丹境內，留有他的建築工程遺跡。路克索（Luxor）和卡納克神廟是他在那裡興建活動的證明。但是他在尼羅河另一岸所建的巨大宮殿卻消失了[65]。他在耕地旁上等土地上所建的享殿，在下一個王朝時被洪水淹沒了，現今只留下兩座巨大的雕像，其中之一被稱爲孟農雕像（the Colossus of Memnon），還存留下來一塊重建的石英岩石碑。

另一些雕像只剩下底部，上面刻有那些戰敗國和附庸國的名字。位於南邊的那些雕像是用從南方運來的紅色花崗岩製成的，而位於北邊的那些雕像則是用從北方運來的石英石製成的[66]。在上面提到的已鑑別出來的這些北方城市名字中有阿蘇爾（Ashur）、巴比倫、大馬士革、阿勒坡、卡契米什（Carchemish），可能還有伊利烏姆（Ilium）即特洛伊、克里特的克諾索斯（Knossos）、西色拉（Cythera）、邁錫尼或米可諾斯（Mykonos）以及納卜里亞（Nauplia）[67]。在阿門荷太普三世統治期間，曾五次發行一組紀念法老歷史大事件刻有聖甲蟲的寶石。

這些寶石顯然是作爲禮物送給當時的貴族，每塊寶石至今還保存有幾件複製品。寶石上記載了阿門荷太普三世與泰伊（Teye）結婚之事、一次獵捕野牛的行動、在統治第十年所俘獲獅子的總數爲一百零二頭、一個米坦尼公主吉魯克巴（Gilukheba），以及其女侍們來到他的王宮及在上埃及第九諾姆帕諾頗里特（Panopolite）的泰伊王后領地上，營建大面積的灌溉盆地情況[68]。泰伊的父母雖然不屬於王族，但她卻是一個非同小可的人物。她的形象被塑爲雕像，她的名字出現在法老的許多銘文中。她和王朝後期的許多王后，特別是娜芙蒂蒂（Nefertiti）的地位是史無前例的。

阿門荷太普三世統治期間所建造的大量工事，都反應出很高的藝術造詣。無論是王族的，還是平民的雕塑藝術都很興盛。一些繼任的重要官員，例如宰相拉莫斯和格魯埃夫（Kheruef，即泰伊王后的管事）的陵墓，是底比斯最好的[69]。這些官員中最偉大的人物是阿門荷太普，他是哈浦（Hapu）的兒子，是三角洲地區的阿特利比斯（Athribis）城的一個安分守己的居民[70]。他手藝超群，學識淵博，在日後被人們當成神看待（我們必須指出，埃及的聖賢們很少有以這種方式被神化的）。他負責許多規模宏大的建築工程建造，並成爲這個統治時期最受尊敬的貴族。因爲這個原因，他在王族的享殿建築群中，受賜建造了一座氣勢宏偉的享殿。從他的雕像以及刻在他某一尊雕像上的自傳性銘文中，我們對他有了一定的印象[71]。他的一尊盤腿而坐的雕像反映了他年輕時形象，而另一尊雕像則刻畫了他年老時的形象。

繼承「偉大的法老」阿門荷太普王位的是他的兒子阿門荷太普四世。有關於他的書面資料，比埃及歷史上的任何一個法老都多[72]。很有可能在他獲得獨立統治之前，已與他的父親共同統治了一段時間，但是這一觀點，現在看來似乎不可能成立。他的祖先不可能會有比他更出色的統治者。如果有關他的統治許多資料都是精確無誤，那麼對其解釋就很令人迷惑了。

他統治初期，信奉一個以崇拜一個出現在日輪上偉大的神爲中心教義。那個偉大的神，是一個把他的光輝和溫暖帶給全人類的愛心創造者。太陽神對於埃及的宗教來說並不陌生，太陽神瑞是金字塔建造者們的神，特別是第五王朝和第六王朝的國神[73]。巨大的卡納克神廟就是爲供奉阿蒙—瑞這一「眾神之王」而建造的。這樣，瑞就以其本身以及作爲結合體阿蒙—瑞的一個組成部分繼續爲世人所瞻仰。阿門荷太普四世向他的臣民們所揭示的神祇則是太陽神、阿頓（Aten）或者日輪的一個更具體形象[74]。雖然阿頓從某些方面來說，在早期君主統治時的讚美詩和宗教銘文中，就已經嶄露頭角了，但是現在強調的卻是與過去的明顯分離。換言之；在他統治的阿馬爾納時代，埃及基本上信奉一神教。阿頓作爲創世之神，被認爲是一切生物的創造者和保護者[75]。

如前所述，法老把他的名字從阿門荷太普，以前是「阿蒙感到很滿意」，改成了阿肯那頓，意思是「阿頓實際的靈魂」[76]。在他的統治後期，阿肯那頓把埃及境內的所有神廟，甚至他父親遠在蘇丹境內的索勒布亨殿內的阿蒙這一詞都抹去了，無論它是作爲神的名字還是私人名字出現，都在清除之列。這一空前未有的運動，毫無疑問是由於一種對宗教狂熱信仰而造成的。這一由於過分強調對阿蒙神的信仰所激發的運動，發展到什麼程度，則仍是我們有待進一步探討的一個主要問題[77]。我們從整體上來考慮一下埃及信仰的阿蒙—瑞國神。很明顯地，它無論是在經濟上、政治上，還是宗教上都具有極大的影響力，而阿肯那頓則出於他自己的原因，試圖終止百姓對它的信仰並消除這一宗教[78]。這樣做的原因可能純粹是宗教方面的因素，因爲埃及原來的宗教對這個時期來說；顯得太世俗化了，所以在神學上對它進行否決，這樣就有利於對創造人、動物和整個自然界至高無上的神的崇拜。

而另一方面，這樣做也有可能是由於內在的政治原因：對這一新宗教的擁護和支持，是保持帝王統治至高無上權力和地位的一種方式[79]。這一事件可能是因爲新繼承王位的法老，甚至在他還是王子時與他父親朝中的那些大臣之間的對抗，日益增大而發生的。

對這一事件進行持續的詳細研究，有可能提供解決這一問題的切實可行方法。而就我們現在所掌握的資料來看，這一所謂阿肯那頓革命或改革，則極有可能是由於神學的原因所導致。但是這一革新是很難從阿蒙—瑞的宗教中心所在地底比斯開始進行[80]。如果阿肯那頓能夠在擊敗阿蒙信仰的大臣前提下取得絕對的王權，他是有辦法做到這一點的，亦不必訴諸於他已採取的那些極端措施。

在他統治的最初幾年中，阿肯那頓在卡納克建造了一座巨大的建築物奉獻給阿頓神，它強調了法老及其家庭的榮耀。但是這一神廟後來卻變得很稀奇古怪。在他統治結束後，神廟中成千上萬塊刻有浮雕和銘文的小塊沙岩被拆掉，用於填補位於卡納克阿蒙—瑞神廟的門道內側[81]。阿肯那頓在卡納克所建的神廟及其內部巨大的石像和浮雕，顯示了藝術發展的一個新方向，是這一統治時期，下一個重要步驟的前奏，即在底比斯諾姆以北、尼羅河東岸與上埃及第十五諾姆赫爾摩波利斯（Hermopolis）相對的一個地區內，爲阿頓建造了一座新城。這個城市的叫做阿庫答東（Akhetaten），意思是「阿頓的天堂」，也就是現在的阿馬爾納（Amarna）[82]。

這個時期在藝術這方面亦留存下來許多資料，它反映了當時的許多新事物。法老和他的王后娜芙蒂蒂（Nefertiti）同時出現在神廟和陵墓的浮雕中。這些浮雕還描繪了當時他們已有六個女兒。圖中經常顯示女兒們坐在父母膝上或者互相嬉戲打鬧的情景[83]。它強調了王室是作爲一個家庭整體出現的，這與以往的王室中所保持的那種嚴肅氣氛形成了鮮明的對比。

另一個現象是藝術品中描繪法老的奇異風格。在此之前的雕像和浮雕作品中，埃及的藝術家總是採取嚴肅的風格來刻畫法老。而我們則通常很難判斷其中所描繪的法老是哪一個[84]。但這一時期的雕像的浮雕中所描繪的阿肯那頓則有厚厚的唇、突兀的鼻子、黃色的面頰以及肥大的臀部。這樣女性化的特徵，使得後人對這一個時期有許多迴異的理解，而每一種解釋都與那個時代的一般趨勢相吻合[85]。其中的某一種觀點認爲；阿肯那頓想要強調他與造物神之間的密切關係，所以他是突出了男性的特徵，以半男半女的形象出現。

另一種觀點則認爲他患了生理上的一種無能的病症，而導致了女性特徵的增長，最後甚至逐漸從男性轉變爲女性。醫學界的權威們就這些浮雕和雕像中所表現出來的人體特徵，寫了幾篇冗長的論文，得出了各不相同的結論[86]。第三種觀點則對王后可能死於阿肯那頓統治末期，他可能被一個名叫塞門克卡拉（Smenkhkare）的年輕王子代替，這個王子在短時期內成了共同攝政王，以後又成爲法老。

就這幾點所進行的研究，我們只有從埃及的歷史背景中找出聯繫的關係，才能對這些問題進行徹底的研究。

在埃及歷史上的各個時期，法老主要宮殿的所在城市都有所變化。孟斐斯、赫拉克利奧波利斯、底比斯、伊賽塔維、阿瓦里斯、阿庫答東、賽伊斯（Sais）以及三角洲地區的其他一些城市都曾是法老的首都。而阿庫答東就會讓人吃驚。它不是一個在政治上有任何價值的地理區域[87]。在阿肯那頓去世之後的幾十年間，這座城市就被夷爲平地了。而殘留下來的建築材料則被運過河去，用於建造下一個王朝拉美西斯二世的建築工事[88]。曾經有人構想出了這一城市及其建築物的平面輪廓圖，而且幾個世紀以來很少有人對此作出修改，那麼我們有可能挖掘出這一城市。由阿肯那頓所豎立的那些重要界碑標定的這個城市是一個半圓形平原，它由尼羅河邊蜿蜒曲折的懸崖作依靠。我們所知豎立的十四塊石碑，標定了這一城市的東南西北界線，而且一塊石碑則位於尼羅河另一岸。它們是在法老在位第六年設立的，而其中一些石碑上銘文則刻於他在位的第八年[89]。在碑文中，法老正式把這一城市及其土地和百姓奉送給阿頓。

我們需要有一篇專題文章來描繪一下這個城市本身。城市的結構中有宮殿、神廟以及一條王家大道。在這條道路上面架有一個橋亭，雖然我們不能完全確定，但這一橋亭出現在浮雕中，那個有法老及其家庭露面的大窗台的橋亭[90]。標準的神廟建築以小房間爲特徵。當人們進入神廟內，用燭火點亮最裡面的聖殿時，光線也變的比較暗了。但是阿馬爾納神廟卻與太陽神廟不同，它完全向太陽光敞開。甚至在神廟巨大入口的框架頂部也開有一個窗台，這樣光線就不受阻擋了。在浮雕中顯示了日輪周圍有無數的光線，這些光線最後到達了人們手中。這些手最初象徵著一個生命延伸到代表王室家族，或像是去觸摸堆得很高的食物贈品[91]。在某些情況下，他們甚至用一種擁抱的形式抓住法老和王后的身體或王冠。

那些峭壁林立的港灣本身就是當時大臣們的陵墓所在地。這些陵墓模仿了位於底比斯海灣內的陵墓。這些陵墓很明顯是以王室家庭、神廟爲特徵。從小的範圍講，它們突出地刻畫了建造陵墓的大臣們的一生。墓中強調了王宮的富麗豪華以及法老家庭的親密狀況[92]。成排的大臣們尊敬地向法老屈身行禮。其中描繪了法老在一次閱兵時帶著他的侍從和軍官向前行進，這次閱兵代替了真正的軍事戰役。而這個貴族本身則經常被賜予金項圈和金項鍊，這象徵著法老對他的寵信。

阿肯那頓的大臣們形成了一個新的黨派。他們顯然不是全部都出身於阿蒙的官僚體系和底比斯的舊家族。巧匠巴克（Bak）實際上是著名的雕刻家和建築師美恩（Men）的兒子[93]。美恩是建造孟農巨像以及阿門荷太普三世時期的建築工事主管。然而巴克卻在一篇銘文中指出他是由法老親點的建築師。爲了完成朝廷中這一不尋常的變動，法老需要得到軍隊的支持[94]。而阿肯那頓似乎對軍隊控制得很好，他賜財物給軍官們，使他們爲他的統治效力。

位於阿馬爾納的陵墓中有一座法老的墓地。在貴族墳墓中有神聖的讚美詩手寫本，這是我們了解阿馬爾納宗教的主要資料。在大衛的讚美詩（祢像穿衣服一樣把光輝灑滿全身）[95]之前，它強調造物主和太陽本身的歡樂以及在太陽控制下的人類獨立性[96]。獻給日輪的一頁讚美詩的片段，可以使我們對這一主題有所了解：

當祢從東方的天邊升起時，
祢將祢的美麗普施於大地……
當祢在西方落下時，

大地像死亡一樣地陷於黑暗之中。
人們睡在房間裡，頭是包著的，
這隻眼看不到那隻眼。
他們頭下的東西可能被偷走，
但是他們毫不知情。
獅子都從獸穴中出來了，
爬蟲也都出來了，它們囓咬著……
野獸吃飽了；
樹木花草盛開了。
鳥從巢裡飛了出來，
展開了翅翼來瞻仰祢……
在敘利亞，在努比亞，在埃及，
祢把每個人都安置得各得其所，
祢滿足他們的需要……
他們說著不同的語言，
且有不同的外貌。

奇異的膚色，
他們與異國人不一樣……
一切遠方的外國，您也給它們以生命，
在天國，祢放下了一條尼羅河。
它爲人們而下降，在山峰間造成波濤，
像碧海那樣灌溉著他們村鎮的田地……
祢在我的心中，
沒有另外一個人知道祢，
除了祢的兒子——阿肯那頓，
因爲祢使他通曉祢的計畫和祢的力量[97]。

鑒於法老當時專心於國內的整頓，那麼，那些在敘利亞和巴勒斯坦境內的軍事戰役，對他來說顯得相對不重要就不足爲奇了。這是一個對地中海東岸諸國及島嶼的貿易和支配權進行激烈爭奪的時代[98]。在這個時代裡，米坦尼王國走向衰落，而西台王國則在好戰的國王蘇皮魯留馬（Shuppiluliuma）的率領下，已經有足夠的實力向埃及的全面支配地位挑戰。

我們在阿馬爾納發現的楔形文字書板上，極其幸運地找到了一部分用阿卡德語寫的外交書信。這些書信主要是埃及法老與當時實力強大的政權統治者的通信。他們是西台人、亞述人、米坦尼人、加喜特人、塞普路斯人（即阿拉薩人〔Alasians〕），以及包括有比布魯斯、耶路撒冷、葛澤爾（Gezer）、阿斯卡倫（Askalon）、卡疊什、阿姆魯（Amu-rru）、西頓、提爾和烏加里特在內的無數個城邦民族[99]。其中有些書信內容很一致，而且我們查看了西台王國的首都哈圖沙（Hattusa）的檔案館以及出自烏加里特的楔形文字銘文之後，對當時的全面局勢就了解得更清楚了。

當時的總體形勢是這樣的：一些城邦名義上是向埃及法老繳納貢賦的附屬國，而實際上則相互間勾心鬥角，並時常受到西台政權的嚴重威脅。比布魯斯就不斷地向埃及法老訴苦，並請求埃及派兵支援他與鄰邦阿姆魯作戰[100]。而亞述國王則抱怨說，比布魯斯作爲其藩屬，不應該與埃及進行直接交涉。

阿肯那頓在軍隊的支持下，統治了大約十七年的時間，雖然他不參與軍事戰鬥，但他卻愛穿軍裝，而且在他的浮雕中出現了檢閱軍隊的情景。後來他的王位由他的寵臣塞門克卡拉繼承[101]。但他很快就被一個年輕的王子圖坦卡頓（Tutankhaten）趕下台。圖坦卡頓是透過與阿肯那頓和娜芙蒂蒂的一個女兒安開孫巴阿頓（Ankhesenpaaten）結婚而取得王位[102]。他把名字圖坦卡頓改成圖坦卡門，並在不久之後把首都從阿馬爾納遷移到底比斯。

他死時被埋葬在底比斯的一座陵墓中，這座陵墓卻奇蹟般地被完好地保留下來，直到西元一九二二年被發現。墓中的陪葬品在開羅埃及博物館中展出，其數量之多簡直令人難以置信。諸如：雕像、牀、椅子、船的模型、車輛、武器、器皿、箱子和各式各樣的小盒子[103]。在圖坦卡門去世後，埃及軍隊的力量也得到了恢復。

愛伊（Ay），他在阿肯那頓統治期間曾在阿馬爾納建造自己的陵墓，墓中有讚頌阿頓的讚美詩樣本，在圖坦卡門統治後期與他共同執掌政權。愛伊是出現在圖坦卡門陵墓中所描繪的王位繼承人[104]。這個時期發生了一件很奇怪的事。埃及王后，很顯然是安開薩芒（Ankhese-naman）給西台國王蘇皮魯留馬寫了一封信，說她的丈夫已經死了，而她又不願嫁給埃及王公或貴族中的任何一人。因

圖 6-6 帝王谷中圖坦卡門墓穴 王惠玲攝

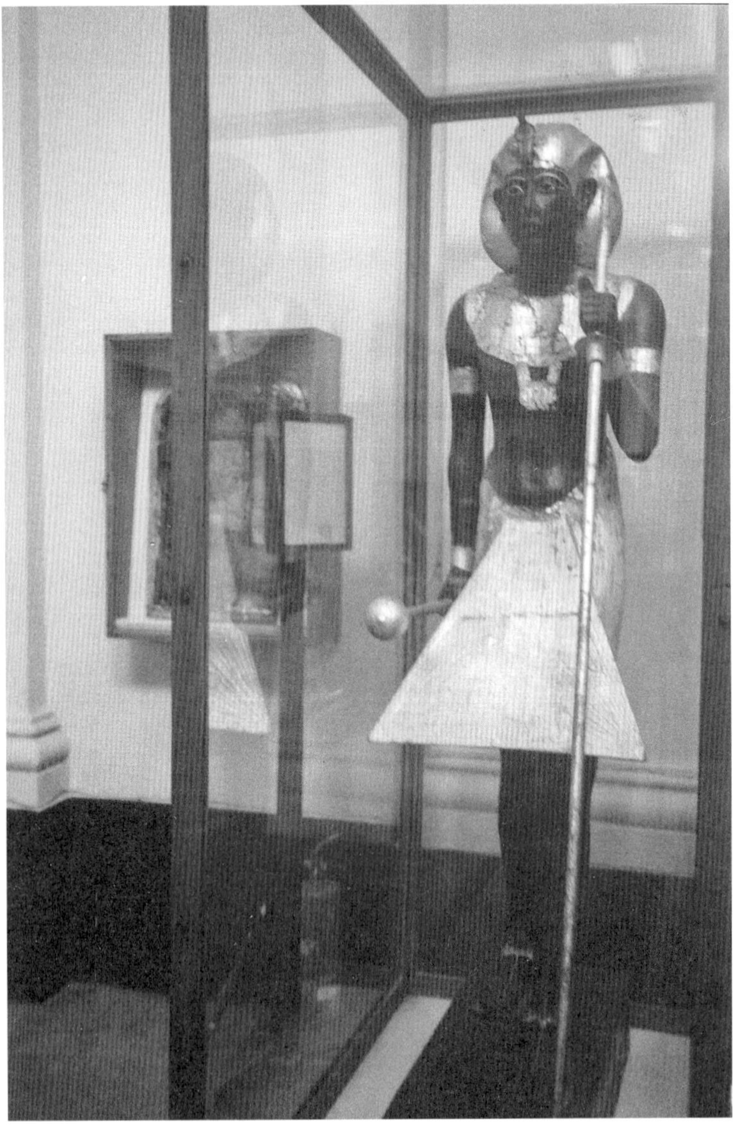

圖 6-7　圖坦卡門墓中的陪葬品　王惠玲攝

圖 6-8　圖坦卡門墓中的陪葬品　王惠玲攝

圖 6-9　圖塔卡門墓中的陪葬品

此她懇切地請求他派他的一個兒子到埃及與她結婚，並繼承王位[105]。這一請求使西台國王感到迷惑不解，但他最後還是派王子扎南薩（Zannanza）去埃及與她結婚。在去埃及的路上，王子被一個埃及軍官所派的人殺死[106]。西台國王爲他兒子之死悲痛欲絕，因此他在西台的邊境挑起戰火。有關這一事件的資料來源於西台王國的檔案館，它是蘇皮魯留馬的兒子漠爾西利斯二世（Mursilis II）所敘述的《蘇皮魯留馬的行爲》內容的一部分[107]。西元一九三一年，考古學家紐伯利（Percy Newberry）在古董店發現了兩個刻有「法老愛伊和王后安開薩芒」的戒指，證實了這位悲劇王后的遭遇[108]。而有些學者則堅持認爲如果娜芙蒂蒂比阿肯

圖 6-10 帝王谷一隅 王惠玲攝

那頓活得長，那麼這封信和事件所涉及的時間是在阿肯那頓去世之後，而那個王后就有可能是娜芙蒂蒂[109]。

這時候軍事活動又重新趨於頻繁，而王朝的繼位情況又不夠平穩，這就導致了一個名叫荷倫希布的將領權勢不斷擴大，他在愛伊死後繼承了王位。我們不清楚他的統治時間的長度。在他統治期間，阿馬爾納被冷落了。荷倫希布在行政上進行了許多改革。他建於孟斐斯的陵墓，向我們展示了一系列生動有趣的浮雕作品，它們用各種不同的形式顯示出在他繼承王位之後，位於他額頭上的毒蛇圖案作爲國王的標誌，他也按照傳統習慣在底比斯的「帝王谷」建造了一座陵墓。

圖坦卡門時期又重新開始對卡納克的阿蒙神廟以及路克索神廟的興建，並花費大量的人力、財力，這似乎是對阿馬爾納的異教徒對此忽略而作出的補償。此前；在阿肯那頓統治初期，卡納克用沙岩建成規模巨大的神廟早已被他夷爲了平地[110]。

第十九王朝

第十九王朝自西元前一三二〇年至一二〇〇年，繼第十八王朝最後一位法老霍朗赫布（Horemheb）之後，拉美西斯一世創建第十九王朝，並由塞提一世、拉美西斯二世及梅倫卜塔（Mérenptah）使之名聲遠播[111]。拉美西斯一世，他是一個軍事統帥，他也有可能是荷倫希布統治末期的宰相。霍朗赫布顯然是挑選他做了王位繼承人[112]。而且霍朗赫布極有可能在他繼承王位之前，在其早期職業生涯中，就對王位繼承有相當大的影響。拉美西斯王朝，它的保護神是阿瓦里斯的地方神塞特。我們可以從拉美西斯這個名字中看出，瑞神在王朝中有相當重要的地位，這也反映了阿頓神的被遺棄[113]，瑞神在王朝中又重新恢復了重要地位。

此時位於底比斯的阿蒙神繼續在王朝中起著重要作用，拉美西斯王朝的法老和王后與他們之前的法老一樣，被葬於底比斯西部，然而王朝眞正的政治中心卻在北方。拉美西斯王朝的法老把宮殿建於孟斐斯以前王朝的法老所建的宮殿附近[114]。並在三角洲靠近現在的庫提爾（Kamtir）城興建了一座城市，名叫彼拉美蘇（Pi-Ramessu），且對其進行了大規模的美化。當時一些學生們的習作；包括一些欽慕這座城市的讚美詩，以及其他讚許，其中有令人眩目的頭銜以及對囚犯的描述，這些都反映了這座城市活躍的情況[115]。

另一個主要變化，是一些出身於外國或者以外國人的名字命名的官吏和大臣，在朝中的地位日益顯赫，他們來自於巴勒斯坦和敘利亞境內的閃米特人居聚地[116]。這些冒險家在三角洲地區定居下來並得以興旺發達。還有一些是來自利比亞和地中海地區的民族，他們先以敵人和海盜的身分出現，後來又成了土地的開拓者。

雖然這一動向與第十二王朝和第十三王朝的後期形勢有類似之處，但這次埃及卻眞正地登上了世界歷史舞台，這使得它的歷史到這一世紀的中葉還獨具特色[117]。這一時期在外交上往來，可以從阿馬爾納的書信、埃及崇拜諸如：巴埃爾（Baal）和拉瑟夫（Reshef）之類的亞洲神祇的中心地的存在，運送到亞洲去的埃及神祇雕像，以及阿肯那頓的太陽神的普及性中得以考證，它們反映了這一世界主義[118]。

就在這時，底比斯陵墓的裝飾發生了變化，這一變化表明了宗教方面的一個重要進步。內中的畫面不再是官員在視察途中或者戰場上忙著處理他自己或者他上司的事情，而是反映了葬禮、人在死後受到的審判、由主持葬禮各個階層祭司主持的宗教儀式，以及人的靈魂像鳥一樣飛翔或降落的情景[119]。當出現農業方面的畫面時，它們通常顯示了農夫及其家庭在死後，而不是在現世中在田野上收割穀物的情景。

死亡是一種快樂，是把現世的日常活動託付給來世的一種方式。這就使得早先的大臣或出於幼稚的心理，希望在來世能夠繼續生存下去。具有眾多祭司的國教和地方宗教以及個人的虔誠信仰之間出現了分裂，這點是特別明顯的[120]。一位著名的埃及學家評論說，這時候的官員是中王國時期社會所標榜的典範。軍事冒險家則在第十八王朝時期又重新再現，但祭司和神廟神職人員卻在拉美西斯時代占有重要的分量，而他們也容易被賄賂，事實上，法庭判決中亦曾出現賄賂案例，但現在則交由神廟的神諭來執行[121]。這一體制隨著在第二十一王朝時期的「阿蒙神的國家」的出現而達到高峰階段，而正是在這個時期，埃及的帝王統治經歷了一個基本變化。

在埃及歷史上的各個階段，對過去的那種懷念占了重要位置，而且大部分的王表都記載了拉美西斯時代，這可能並不是一種巧合。對過去的緬懷是從好幾個方面得到體現的。拉美西斯二世的兒子，卡埃姆韋瑟（Khaemwese）王子修復那些已經衰敗的紀念物，使其重現光彩[122]。在這個方面，以往的許多法老都是津津樂道的，但在實際上他們卻做得很少。這時候甚至古王國時期的金字塔也部分得到重建。塞提一世修復了許多在阿肯那頓統治時期遭到損毀的銘文。在沙卡拉的一個墓堂內，有一幅浮雕上繪有許多過往的著名人物，其中包括有左塞爾統治期間的印和闐以及那些教諭作品的作者們[123]。

拉美西斯時代，一些過去的傳統文章被學生和老師重新抄錄下來，而且通常寫在瓦片或書板上，它們在某種程度上比紙草書更容易留存於後世。《西奴希的故事》、《阿美涅姆黑特之教諭》、《獻給尼羅河之歌》、《對各種職業的諷刺》以及《諾弗爾提的預言》是那些

圖 6-11 卡納克神廟

在無數手稿中都有的過去一些文學作品。這時候也出現了一些新的作品，它們有時用一張紙草就能記錄下來。這一類的作品有《兄弟倆的故事》（*The story of the two Brothers*）以及《著了魔的王子》（*The Enchanted Prince*）[124]。通常被稱爲《埃及王國後期雜錄》的一系列紙草卷，裡面包括有向懶散的學童提出勸戒的短篇選集、讚美拉美西斯時代的建築讚美詩、標準典範的書信、雙輪無篷戰車各部件的名稱及類似事物，有時候還偶爾包括一篇有規範的文章[125]。拉美西斯時代是一個對過去進行反省的時代，是一個尋找其根源、重新評估其歷史的一個全新時代。

拉美西斯一世只統治了短短的兩年時間。他的兒子塞提一世（Seti Ⅰ）繼承了他的王位。塞提一世是以他在巴勒斯坦和敘利亞所進行的戰役而聞名。這在卡納克的阿蒙神廟內斜式風格的立柱庭院外牆上所描繪的大型戰爭浮雕上有所記錄。這些大規模地描述法老坐在戰車裡攻占敵人堡壘的浮雕風格，開創了一個新模式。它被塞提的繼承者所仿傚，但其中卻缺少了它原有的活力和創造力[126]。

埃及重新在地中海東部諸國及島嶼建立起了政權。並和西台國王漠瓦塔里斯（Muwatal-lis）訂立一個和平條約。塞提一世除了在底比斯的「帝王谷」所建造的巨大陵墓以及在底比斯平原上的墓堂外，還在阿比多斯建造了一個不同尋常的紀念碑建築群[127]。這個仍然保存相當完好的建築包括：有一個供奉神祇的巨大神廟，內有歐西里斯、伊西斯、荷魯斯、阿蒙、普塔（Ptah）、瑞—霍拉赫提（Re-Horakhty）以及塞提一世作爲神祇的七個龕堂；在神廟的後面有一個巨大地下建築群，原先是由一條延自北方的長坡道與之相連。有人提出這一神廟及其地下建築與古王國時期的金字塔建築群有相似之處，而後者是以一個與延自北方坡道相連的陵墓建築群和位於東部的一個墓堂爲特色[128]。描述塞提一世祭殿的淺浮雕是最精美藝術品，但看起來卻有點缺乏生機和活力。在第三瀑布附近的瑙里（Naari），刻有一道有關這個神廟及其供職人員的法令複製品[129]。用於建造這一神廟的部分錢財則來自於南方的金礦開採。此外，建於瓦迪米亞（Wadi mia）埃德夫（Edfu）以東的一座小神廟內，發現刻有關於法老爲了開礦者的飲水而挖了一口井的銘文。

塞提一世只統治了十四年的時間，繼承王位的是他的兒子拉美西斯二世。在後者的六十七年的統治期間內，與西台人最後達成了協議[130]。拉美西斯二世的建築工程在埃及全境都有所分佈，其中最著名的是位於努比亞境內的阿布辛貝石窟神廟（在西元二十世紀六〇年代，就在亞斯旺水壩導致洪水爆發之前，這些神廟被拆成小塊，遷移到位於原址之上的一個平原上，這是一個工程學上罕見的偉績，由此爲後代保留下了這一古蹟）。在阿布辛貝、卡納克、阿比多斯以及位於底比斯的法老墓堂拉默西姆（Ramesseum）這些神廟內，有較爲詳細地描述在拉美西斯二世統治第五年與西台人作戰的卡疊什戰役文學記載，這一文章有時被稱爲《史詩》，

圖 6-12　亞斯旺水壩形成的納瑟湖　王惠玲攝

圖 6-13　亞斯旺水壩形成的納瑟湖　王惠玲攝

圖 6-14　納瑟湖淹沒的許多小神廟或移到水位較高之處或送給捐款建水壩的歐洲國家　王惠玲攝

而那些畫面景象則爲我們提供了這一戰役的另一方面敘述，內有解釋畫面以及眾多參戰者的文字說明[131]。

這份資料的後半部分則有這一戰役的許多詳細描述：由奧倫特斯河環繞的卡疊什城；正在進行整頓軍備並隨時待命出發的埃及營地；雙方軍中無以數計的戰車；拷打兩個西台探馬，逼他們說出西台軍隊的所在；增援軍隊到達戰場；在戰場中部，拉美西斯二世坐在戰車上刺殺敵軍；阿勒坡的王子被頭朝下倒置過來，以洩空他在被投入河中所呑嚥的河水；西台以及其他軍隊統帥的名字；拉美西斯二世的馬及其名字；與西台人聯合作戰的外國軍隊，埃及軍隊以他們的城市地方神：阿蒙、普拉（Pre）、普塔和塞特的名字來

圖 6-15　阿布辛貝拉美西斯二世石窟神廟　王惠玲攝

圖 6-16 阿布辛貝神廟的第一大廳，以八根歐西里斯雕像飾柱支撐 王惠玲攝

圖 6-17 阿布辛貝拉美西斯二世爲妻子所建石窟神廟

命名他們的四支分隊[132]。甚至有一次拉美西斯二世的軍隊被包圍，除了他以外所有的人都被敵軍抓走了。

他向阿蒙神致意，提醒這一「萬神之王」，他已在建造神廟以及將他所有一切作爲供奉的物品。西台聯軍未能戰勝埃及軍隊，然而就埃及人來說，他們也未能保全他們在北敘利亞的統治，十六年以後，拉美西斯二世和當時的西台國王卡圖西利斯（Khattusilis）最後達成一項正式協議[133]。其中有一個版本是用埃及語刻在神廟牆上的，而另一個版本則保存在西台王國的檔案館內[134]。兩個國家的神祇都被請求作爲這一協議的見證，以使難民在互惠的基礎上得到安置，使共同防禦措施得到實現。兩個國家之間有利害衝突的邊界沒

圖 6-18　阿布辛貝拉美西斯二世石窟神廟中的壁畫——拷打西台探馬　王惠玲攝

有一處是標明的，這一定是透過別的方式得到了解決。西台檔案館還進一步揭示了國王之間的書信往來，其中包括對一個西台公主和拉美西斯二世之間婚姻的安排[135]。由於埃及和米坦尼在幾個世代以前就存在糾葛，在這一共同的敵人之前，埃及和西台之間就化敵爲友，結成了聯盟。是故這場爭霸以雙方簽訂第一個古老的國際性和約而告終[136]。

現存於開羅博物館的埃及第十九王朝拉美西斯二世的遺體則是目前最爲完美的木乃伊。這具木乃伊於西元一八八一年被發現，出土不久，木乃伊就開始腐爛。專家們想出各種辦法，對其進行挽救，但一直無法根治它。一九七六年九月，法國和埃及專家組成醫療團隊，經過診治之後，拉美西斯二世木乃伊終於復原[137]。

梅爾內普塔（Merneptah）繼承了他的父親拉美西斯二世的王位。他的統治時間爲十三年。拉美西斯二世大約有一百個子女，而他本人比他的前十二個兒子都活得要長。就像他的父親一樣，梅爾內普塔執政的第五年，在其歷史上具有相當重要的位置。利比亞的一個王子率領一支由利比亞諸部落（利布人〔Libu〕、美舍韋舍人〔Meshwesh〕以及刻亥克人（Khick），以及地中海諸國組成的聯盟軍隊與三角洲地區的城鎮之間發生了戰爭[138]。這支聯軍被徹底擊敗，六千多俘虜落在了埃及人手中。利比亞人的聯盟軍中有沙爾丹人（Sherdan）、舍克勒什人（Shekelesh）、盧卡人（Lakka）、圖爾沙人（Tarsha）和阿卡瓦沙人（Akawasha）。這些「海上民族」是以四處流浪成群結隊的海盜和士兵面目出現的[139]。他們在這之前就在埃及軍隊或者埃及的敵對軍隊中出現過。有些人認爲在卡疊什戰場浮雕和其他地方，能很容易地透過其頭飾而辨認出來沙爾丹人最後在薩丁尼亞定居下來，並以他們的名字爲那個島嶼命名[140]。有些學者認爲在埃及銘文中所提到的圖爾沙人是伊特拉斯坎人的祖先。

第十九王朝結束於一個既不以其國內的紀念物，又不以其英勇而揚名國外的時代著稱。在梅爾內普塔之後繼承王位的有阿門麥斯（Amunmose）、塞提二世、西普塔（Siptah）以及塔沃斯拉（Tawo-sre）女王。她也許和哈特雪普蘇一樣也取得了王權[141]。大臣巴伊（Bay）可能就是一個名叫伊爾蘇（Irsu）的亞洲人，這是出自一篇描述第十九王朝末期埃及國土上混亂情況的文章。他顯然在這一時期起了相當重要的作用。他的銘文在一些神廟中出現在很突出的位置上。這篇敘述對埃及燒殺劫掠的混亂狀態的文章，是以對塞特那赫特（Seth-nakhte）法老的讚美而結尾的[142]。他使埃及從混亂狀態中脫離出來，並重新恢復了和平。

第二十王朝

大約在西元前一二〇〇年，塞特那赫特建立了第二十王朝，即第二個拉美西斯王朝。

就像第十九王朝的建立者一樣，他的統治只持續了兩年時間。他的王位是由一個不間斷的法老家族繼承的。這些法老都以拉美西斯這個名字命名（從拉美西斯三世到拉美西斯十一世）[143]。他們的統治從西元前一一九八年開始，直到西元前一〇八五年結束。

拉美西斯三世統治了三十二年的時間，是這個王朝統治時間最長的法老，他既是一個統治者，又是一個武士。他在底比斯的美迪內特哈布（Medinet Habu）建造氣勢宏偉的祭殿，奇蹟般地得以保存了下來[144]。這也許是由於它先是作爲一個堡壘，後來又成了哥普特人的教堂和聚居區的原因。我們可以從它的牆壁上所刻的銘文和浮雕，也可以從哈利斯紙草（Papyrus Harris）的描述中把這一時期的歷史畫面拼湊出來[145]。也可以從他統治後期的奧斯特拉和紙草中，得到這一時期埃及國內所出現騷亂的確鑿證據。

到了拉美西斯三世統治的第五年，利比亞人對埃及所構成的威脅又成爲一個現實問題，但拉美西斯三世像他之前的國王梅爾內普塔一樣，他擊敗了這些在三角洲地區的遊牧民族[146]。在他統治的第十一年，利比亞人所發動的一次進犯也同樣被擊退了。

當拉美西斯三世統治的第八年，在利比亞人發動的幾次進犯之間，一個最嚴重的危機降臨到了埃及國土上。那些到處流浪的地中海地區部落，幾十年來一直在沿海地帶尋求立足點。鑒於他們的頻繁流動，我們很難用文獻證明他們所做的事情，但他們所進行的活動，無疑在促使利比亞人入侵埃及時起了一定的作用[147]。他們中的許多人加入了當時的軍隊，即埃及人和西台人的軍隊中的僱傭軍行列。

一些人在埃及安頓下來，而更多的人則定居於巴勒斯坦和敘利亞境內。同時，西亞的局勢促使人們尋找新土地、民族大遷移運動亦逐漸形成[148]。在銘文中提到了在拉美西斯三世統治第八年的時候所發生的一次眞正騷亂，而沙爾丹人、舍克勒什人、丹儂人（Denen）、培勒塞特人（Peleset）、哲克爾人（Tjekker）和韋什人（Weshesh）則坐著牛車，帶著他們所有的行囊，穿越了地中海東部諸國及島嶼[149]。強大的西台王國瓦解了，但拉美西斯三世在敵軍到達埃及之前，就阻止了他們的進犯。

美提內特哈布神廟中的浮雕，它詳細地描述了埃及這次海上作戰的勝利。在牆上所記戰勝者之名單中，赫然有上下卡墾密士及米坦尼之名，但這份名單也有可能抄襲了拉美西斯二世之浮雕，然而銘文中在巴勒斯坦則有雅各（Jacob-El）、約瑟（Joseph-El）與利未（Lovi-El）一類名稱，此足以表示以色列人在迦南地區[150]。埃及最後擺脫了由「海上民族」所發動的主要衝擊。許多沙爾丹人和刻亥克人則作爲僱傭軍或者農民在埃及定居了下來[151]。部分定居於地中海東部諸國及島嶼南部地帶的培勒塞特人，則把這塊土地叫做巴勒斯坦（Palestine）。

雖然拉美西斯三世統治中期的幾年內，埃及國泰民安，並發動了一次大規模的遠征去蓬特，還在美提內特哈布建造了最宏偉的享殿和王宮，但是各種各樣的騷擾卻困擾著他的統治後期。拉美西斯三世統治第二十九年的一些文獻中，敘述了農民和工匠在建造法老和王子的陵墓時所發動的一次罷工[152]，他們抱怨他們還沒領到應得的報酬，他們想從當權者那裡得到補償，而另一些紙草書則記錄了在朝中進行法庭審訊的記錄，這是對那些企圖刺殺法老的謀叛者審判[153]。有關這次宮中密謀的資料，它爲我們提供了當時法庭審判的情況。還有一些描述盜掘王陵的審判偷盜者情況的資料[154]。

從二十王朝開始，隨著新王國時期的法老權威逐漸衰弱，此時盜墓事件，幾乎已嚴重到帝王谷的陵墓無一倖存的程度，大約在第二十至二十一王朝之際，或許是出自保護帝王谷法老木乃伊的需求，神殿祭司清點墓葬，將此地尚存的十六具法老木乃伊，以及若干貴族木乃伊一起祕密地遷葬到帝王谷外巴哈里（Bahari）山壁上的洞穴之中[155]，這個祕密洞穴安然渡過二千年的風霜，一直到西元一八七五年盜墓人才發現它的存在。

西元一八八一年消息傳到歐洲，說是底比斯的居民在離哈特雪普蘇的陵廟不遠的地方發現了一座墓，裡面堆放著許多新王國法老及王室成員的木乃伊，其中包括人們早已熟悉的圖特摩斯三世、塞堤一世和拉美西斯二世[156]。

我們了解埃及的行政管理和土地狀況的最重要文獻是哈利斯紙草。這卷紙草書大約長達一百三十三英尺，內有一百一十七篇文章。它記錄了拉美西斯四世把土地及財物贈送給埃及神廟的情況[157]。這一文獻是在拉美西斯四世的旨意下寫成的，作爲他父親陪葬品的一部分。寫這個文獻的意圖是爲了顯示拉美西斯爲神祇做了許多事，因此他和他的兒子應該得到神祇的照顧和恩惠。埃及的幾個主神廟諸如：位於底比斯的阿蒙神廟、位於希利奧波利斯（Heliopolis）的瑞神廟以及位於孟斐斯的普塔神廟，它們的財產與每年所得到的捐贈和收入被一起列在表上。這一文獻爲我們提供了，有關神廟擁有土地狀況以及其重要的地位，由此看出底比斯的阿蒙神不但擁有至高無上的權力，而且還有高度集中、富可敵國的財富，它們對於王朝的歷史進展有很大的影響。

拉美西斯四世在給歐西里斯的獻辭中指出：「我在這四年中爲您做了無數很出色的事情，比法老（拉美西斯二世）在他統治的六十七年時間裡爲您所做的要多得多。」這段時期的統治很難與前代相比，而且拉美西斯四世在位的六年時間裡埃及仍是波瀾四起。如前所述，其間進行了大範圍的營建活動，而且據考證曾有幾次遠征瓦迪哈馬馬特（Wadi Hammamat）境內（天青石採石場）。從那個時代保存至今的採石場地圖是已知的最早圖表之一。現存的還有一幅拉美西斯四世位於底比斯的陵墓設計圖[158]。內容如此豐富的文獻，居然能在拉美西斯三世、四世和五世的統治時期保存下來，這是很奇特的。被稱爲哈利斯紙草的文獻已在前面提及了。保存在布魯克林博物館內的威爾布爾紙草書（Papyrus Wilbaur），是一個詳細記錄在拉美西斯五世統治期間，有關孟斐斯南部的土地丈量和徵收賦稅情況的文獻，每塊土地的地主和僱農以及其預測產量都列於表上。我們可以從這些數據中得知，法老和神廟是埃及絕大部分土地的所有者[159]。從拉美西斯四世和五世的統治開始，有一個有關亞斯旺的克那姆（Khnum）神廟的祭司官吏審理諸如偷盜牛、布匹以及穀物之類的犯罪案例記錄。

在這個時期，文獻資料急遽增多，而且我們對紙草書和奧斯特拉對神廟內的圖案和供奉物品進行了仔細研究，這使得第二十王朝末期那些並不出色的國王統治時期，比那些偉大的金字塔建造者統治時期更有名。許多官員也透過他們在興建工事以及行政管理方面諸如：發放配給和定糧的活動而爲世人所知。尤其是一個名叫拉姆塞夏赫特（Ramseshakhte）的官員地位變得舉足輕重，他擔任了許多職務，其中的一個職位是他在拉美西斯四世統治時期，直到拉美西斯六世統治時期一直擔任的阿蒙神高級祭司。他的兒子烏塞爾馬拉那赫特（Userma-rehakhte）被任命爲阿蒙神的總管[160]。父子倆實際上掌管了法老和阿蒙神廟兩者財富的管轄權，而他的另一個兒子阿門荷太普則在拉美西斯九世和十世統治時期內擔任高級祭司。在法老之下，他的權力至高無上，浮雕中顯示他和法老的地位幾乎相等[161]。

第二十王朝末期，法老和阿蒙神的高級祭司，以及另一個重要官員努比亞總督共同掌握了政權。這一系列複雜的行動，最後在國內導致了由這三大勢力相互抵觸而引起的衝突。努比亞總督彼哈西（Pinhasy）不僅控制了努比亞，他還是軍隊的統帥以及王室穀倉的監管人。看起來他實際上在向高級祭司的權力挑戰，並在實力上壓倒了他。但是他的勝利成果並沒有保持多久，他還是不得不回到他權力的基地努比亞。阿蒙神的高級祭司赫里荷爾（Hrihor）顯然在拉美西斯十一世統治期間成了眞正的當權者。他可能是以軍隊的將領，而不是以神廟的神職人員而起家。在他當權後期，他以他的名義奉獻建築物並使用其中王族石碑裝飾，而這兩件事以前都是法老個人的特權。他還在名義上併呑了努比亞總督府。位於克洪蘇（Khonsu）神廟以畫面向人們展示了他取得控制權的各個階段。在前面的階段他是以陪同拉美西斯十一世的高級祭司的地位出現，而在後面階段他則擁有了法老的全部名義，並單獨出現在畫面上。雖然拉美西斯十一世仍繼續實行統治，但赫里荷爾卻以法老自居，雖然他名義上仍處於拉美西斯之下，但他無疑控制了底比斯南部。在拉美西斯十一世死後，埃及北方處於一個三角洲的王朝統治之下[162]。這個王族可能來自門迪斯（Mendes），但它實際上是以塔尼斯（Tanis）爲中心實行統治的。這時候埃及實際上已分裂了。努比亞如果不是處於彼哈西的統治之下，無論如何它也不可能是在埃及的控制之中。有關三角洲的那些君主的資料很少，但是塔尼斯的內蘇巴內布達德（Nesu-banebded）即斯門迪斯（Smendes）卻宣稱他取得了王權，而且他也有可能控制了三角洲的其他地區。

第七章

第三中間期、後期、外族統治

埃及到了二十王朝以後，一系列的內亂導致國力衰竭，開始了跨越五個王朝的第三中間時期（西元前一〇七〇年至西元前六六四年），其間的王朝有第二十一、二十二、二十三、二十四和二十五王朝。而第二十六王朝則進入了古埃及後期，最後在西元前五二五年被波斯阿契美尼德帝國所滅，古埃及時代結束了。波斯人在埃及建立了第二十七王朝和第三十一王朝，埃及二十六王朝後裔反抗波斯人成功和平定內戰，建立了短暫的第二十八、二十九和三十王朝。西元前三三二年埃及又被亞歷山大大帝所統治，亞歷山大死後，其部將托勒密一世占領了埃及，建立了托勒密王朝，這一批統治者儘管也被稱爲法老，但當時的埃及已經是徹底在外族人的統治下了。

第二十一王朝到第二十五王朝

從第二十一王朝開始到第二十五王朝結束（西元前一〇八五年至西元前六四四年），埃及的發展方向時有所變。在拉美西斯和賽伊特（Saite）時代之間的第三中間期包含有許多不同的王朝。我們可以注意到一些顯而易見的特徵。在拉美西斯時代已受到嚴重挑戰的上埃及，在政治上的支配權及其傳統習俗，隨著三角洲地區城市的農場和商貿中心興起，被日益興盛的下埃及所代替。現代意義上的眞正的城市在這個時期得到了初步發展。

有史可查，利比亞人在拉美西斯時代經常入侵埃及，這時他們在埃及大量地開拓殖民地，這可以與中王國末期阿摩利—閃米特人在埃及的定居相比擬。在亞洲以及非洲發生的大事件，最後導致蘇丹（Sadanese）和亞述軍隊在埃及進行敵對活動這一特殊事件的發生。

從西元前一〇八五年開始到西元前九四五年結束的第二十一王朝，包括這一系列在塔尼斯實行統治的法老：斯門迪斯、阿門內姆尼蘇（Amunemnisu）、普蘇塞尼斯一世（Psusennes Ｉ）、阿門內莫頗（Amunemope）、西亞門（Siamun）以及普蘇塞尼斯二世。他們的陵墓在位於三角洲東北部的塔尼斯[1]。其中的大部分陪葬品還保存至今。與他們相對的是在底比斯的一些高級祭司，他們是赫里荷爾的後代，代表阿蒙神實行統治。這兩個王朝一般來說互不相擾，而且兩個家族之間還實行通婚[2]。由於失去了對努比亞的控制，阿蒙神廟的收入明顯減少了，由於作戰失利無法使地中海東部諸國及島嶼成爲其藩屬，無法對其進行開發利用，塔尼斯的統治者也同樣受到遏阻。當以色列的大衛王向埃德姆（Edom）進軍與之作戰時，埃德姆的王公哈達德（Hadad）逃到埃及尋求庇護。由此可知埃及王朝與埃德姆家族之間的關係非常密切。有人認爲埃及法老西亞門把他的女兒嫁給了所羅門王，並把葛澤爾城作爲她的嫁妝送給了所羅門王，如果這是事實，埃及統治者向來只娶外國公主爲妃，但不出嫁女兒的高姿態在此時也告結束[3]。這當然也是埃及國際地位的一個指標。

王朝初期，有關埃及和地中海東部諸國及島嶼之間的關係以及埃及國內的形勢，在一個被稱爲《韋那芒歷險記》（*The Misadventures of Wenemun*）的報告文學中有詳細說明[4]。這篇由赫里荷爾的一封信件所敘述的文章，長期以來被認爲是一篇文學作品，但是它的敘事性文體，對後期埃及語言的運用以及其文章組織結構，則暗示著這個紙草文件，實際上，是一篇眞實的報導。其中講述道：韋那芒受阿蒙神—瑞神及其高級祭司赫里荷爾的差遣，去敘利亞購買爲建造阿蒙—瑞神的軍隊戰艦所用的香柏木。在途中，他在塔尼斯向資助他的三角洲地區統治者斯門迪斯及其妻子塔恩塔芒（Tentamun）出示了他的有關證件。一件又一件的不幸事件發生在他身上，他的錢財被人搶走了，他也搶劫了盜竊其財物的人同夥的錢。他又派人去斯門迪斯和塔恩塔芒處借錢。寫到這裡時，紙草書中的記載突然出現了空白[5]。在這之後，韋那芒被塞普路斯的當地居民追殺。他逃到哈提巴（Hatibn）女王那裡，請求得到公正的對待。有一次，他在比布魯斯海岸等候統治者的接見，但比布魯斯的統治者卻天天不斷地命令他離開那裡。因爲韋那芒的證件丟失了，所以比布魯斯的統治者就懷疑韋那芒是否能夠代表埃及政權，而且他也很害怕哲克爾人（Tjekker）。韋那芒曾和這個海上民族有過接觸，而比布魯斯人則和他們有很頻繁的商貿聯繫。這故事之所以具有重要性，它有許多方面的原因。韋那芒在多爾（Dor）、比布魯斯以及其他城市受到其統治者的接待，在很多方面都與大約一千年以前西奴希所受到的接待形成了對比。那時候埃及的輝煌已成爲過去，在國外沒有盟友，也失去了信譽[6]。西奴希是一個自信、成功的人。他有超人的謀略和堅毅的個性，因而能在沙漠中存活下來，並在國外開創了一個新的生活天地。而韋那芒則是一個既可憐又可鄙的人物。他所經歷的事和他的想像不相吻合，而他終被擊垮了。他根深蒂固地認爲埃及是至高無上的，阿蒙神是世界的擁有者[7]。而事實上，在商業世界中，埃及被視爲是二等的國家，輝煌期已成過去，這與他的信仰完全不符。

在底比斯的政治和宗教力量則維持了許多個世紀。但從第二十一王朝起，它對王族的依賴性減弱了。其中心人物仍然是阿蒙神的第一祭司。他時常透過血親關係或者聯姻與王族結成聯盟[8]。另一個重要職位是阿蒙神的妻子的第一祭司，被稱爲「神聖教后」（Divin Adoratress）。這一職位是透過收養的方式傳遞下去的，當一個新的王朝代替舊的王朝時，新王朝的法老就強迫神聖教后或者她已指定的女繼承人，任命他自己的一個女兒爲下一個繼承人[9]。這個以阿蒙爲國王的神權國家在三角洲王朝陰影之下，存在於底比斯。法律案件是由阿蒙神來判決的。他被認爲是一個預言家，各種情況都被陳列於阿蒙神的雕像前，由神廟祭司所操縱。他們透過移動雕像的一部分來代表阿蒙神的決定。隨著這個王國的國教逐漸成爲阿蒙神廟祭司的所有財產和既得利益，大眾化虔信宗教就開始從神廟中分離出來，並得到了發展[10]。人們更多的是直接向神祇祈禱和懇求，而不是透過神廟的祭司來主持儀式。由此在神廟和個人虔信之間出現了分歧。

第二十二王朝和第二十三王朝通常被稱爲利比亞王朝，因爲在新王國的後期，埃及以西的民族開始起著重要的作用。他們雖然多次被驅逐出埃及，但他們最後還是設法在西三角洲和法雅姆地區定居下來。他們中的首領有諸如：「偉大的利布王子」（Great Prince of the Libu）、「美克」（Mek）以及「美舍韋舍王子」（Prince of the Meshwesh）之類的頭銜。就我們目前所掌握的資料，他們完全埃及化了。只是從他們的那些非埃及姓名—舍沙克（Sheshonq）、俄索空（Osorkon）以及塔克羅特（Takelot）中才顯示出他們血統。這些人名被認爲是屬於尼羅河以西的部落語言。

利比亞王朝的建立者舍沙克一世，首先是以一個請願者出現在第二十一王朝的最後一個統治者面前。他請求國王能准許他以他父親的名義，在阿比多斯建造一座享堂[11]。這一懇求得到了底比斯的阿蒙神同意。這時底比斯處於高級祭司以及軍隊統帥彼內哲姆二世（Pinedjem II）的統治之下。舍沙克不但如願以償，原先由他父親擔任的官職也進一步得到鞏固[12]。我們很清楚地得知在舍沙克一世繼承其家族的領袖地位之前，舍沙克家族已經有五代人定居於赫拉克利奧波利斯，而且家族非常興旺。他們位於阿比多斯的陵墓中陪葬品數量極多。因此舍沙克在第二十一王朝法老們的權勢逐漸走向沒落時，取得了王權是不足爲奇的。這要歸功於他的精明謀略，其中當然包括了他與底比斯的阿蒙神權王國之間的密切關係。

利比亞王朝經歷了相當長的一段時間，大約有二百二十年（西元前九五〇年至西元前七三〇年），但有關這兩個王朝的歷史記載卻出乎意料地極其稀少。然而我們還是了解到其中的部分原因，以及那時候的時代背景。由於埃及國內的權勢向三角洲地區轉移，所以保存下來的文本和建築物內的銘文就比以前少了[13]。曼內托記錄了第二十二王朝的統治中心在布巴斯提斯（Bubastis），第二十三王朝的統治中心是在塔尼斯，而兩者都位於三角洲東部。雖然這兩個王朝都來自於赫拉克利奧波利斯，但它們主要的統治中心卻顯然是在布巴斯提斯。這兩個王朝的部分統治是重疊的。我們的記錄大部分都只揭示了這些君主與同時代的底比斯人、阿蒙神廟的高級祭司、所羅門王統治下的巴勒斯坦的鄰國以及分裂的以色列和猶太王國之間的聯繫。我們在此沒有必要詳細敘述底比斯的高級祭司與舍沙克家族之間的複雜關係。高級祭司俄索空的年鑒中指出在塔克羅二世統治期間所發生的一場國內戰爭。還有一個資料記載了在第二十三王朝的俄索空三世統治期間發生的一場大水災。在第二十三王朝末期，埃及顯然已經是四分五裂，三角洲地區的一些城邦已相對獨立。這其中有一個城邦賽伊是由塔夫那赫特（Tefnakht）和巴肯勒內夫（Bakenrenef）即菩科利斯（Bochchoris）統治的，他們構成了第二十四王朝（西元前七二〇年至西元前七一五年）[14]。

這時候，在埃及歷史的發展過程中發生了一件非比尋常、極富戲劇性的大事。它中斷了舍沙克王朝表面上的全盛時期，那就是那培塔（Napata）的彼安基（Piamkhy）即彼（Pi）的入侵。在第二十王朝末期，埃及失去了對努比亞和蘇丹的控制之後，蘇丹國王建立了一個非洲王國。這個王國的首都位於那培塔，它位於第四瀑布的下游。這個美羅伊（Meroitic）王國所崇拜的神祇包括有阿蒙神－瑞神以及其他來自埃及眾神中的神祇。它所使用的非洲語言，後來被以埃及象形文字和紙草書的形式寫了下來。在第二十三王朝期間，一個名叫卡什塔（Kashta）的蘇丹國王把他的勢力範圍擴展到了埃及南部邊界，並宣稱他取得了埃及王權。他的兒子彼安基大約在西元前七三〇年指揮了一次特殊戰役，向北推進，他們與三角洲地區的君主發生了衝突。有關這次戰役的紀錄被保存在位於蘇丹境內的加巴爾巴卡爾（Gebel Barkal）神廟內的凱旋石碑上。這塊石碑現被保存在開羅博物館內。它是有關埃及歷史的重要文獻之一，體現了淺易的編年敘事文體新思路。有關埃及的歷史片段，沒有其他能比這塊石碑上部所描繪圖像更清晰了。在這裡，彼安基面對著阿蒙神－瑞神和穆特女神。圖中還顯示了四個法老，他們是牽著馬的尼姆羅特（Nemrot）以及頭觸地、屈膝跪在地上的俄索空、伊烏瓦培特（Iuwapet）和培夫圖亞巴斯特（Pefuabast）。彼安基石碑上的銘文以及那些捐贈石碑的記載和那個時期的其他文獻，描述了第三中間期的「利比亞王朝的混亂狀態」[15]。

那培塔家族在埃及的統治時期被稱爲第二十五王朝。在彼安基法老統治的第二十一年

（西元前七三〇年）發動戰爭時，埃及大部分被利比亞的美舍韋舍（Meshwesh）的部落酋長所控制。而利布人也控制了埃及的一小部分地區。圖案中的美舍韋舍人的頭飾上有一根斜著的羽毛，而利布人的頭飾上則有一根豎直的羽毛。美舍韋舍人爲了對埃及的控制，進而把舍沙克家族扶上了王位。然而，雖然舍沙克家族被認爲是神聖的法老們的繼承人，但他們的領地卻很小，因爲這個國家的大部分地區，實際上是由一些具有相同的部落背景的當地王公所控制。這些王公們或君主們大都是舍沙克家族後代，但他們卻不失時機地在當地發展他們自己的王朝[16]。很快地，各地的君主都由法老的兒子繼承王位。在上埃及的底比斯、阿馬爾納的所在地赫爾摩波利斯（Hermo-Polis）和赫拉克利奧波利斯這些地區是獨立的政治實體。底比斯後來在很長的一段時間處於門圖伊姆哈特（Mon-tuemhat）的統治之下。他是阿蒙神的第四個預言家，也是阿蒙的神權國家繼承人。彼安基統治期間，實力最強的君主是塔夫那赫特（Tefnakht），他的領地是位於三角洲地區的「西部大王國」。在他的領地西部邊界上住著利布人的部落，而他把自己稱爲利布人和美舍韋舍人的首領。其他的王國有由阿卡諾什（Akanosh）統治的塞伯尼托斯人（Seben-nytos）的王國，位於三角洲南部的由彼提西斯（Petisis）統治的阿提利比斯（Ath-ribis）王國、「西部大王國」以東的由伊烏瓦培特（Iuwapet）統治的利昂托波利斯（Leontopolis）王國和門迪斯（Mendes）的那些城邦，此外，還有赫爾摩波利斯的帕爾法，東三角洲的彼薩卜提（Pisapti）王國以及三角洲東部的布西里斯（Busiris）王國。而「眞正」的法老們則在布巴斯提斯和塔尼斯實行統治。在孟斐斯被西部大王國接管之前，一直是由一個部落酋長控制。西元前七三〇年，在塞烏特（Siut）和地中海海岸之間至少有四個君主自稱爲王。

亞述的編年史中用阿卡德語的術語 **Shar** 這個詞，即「國王」它命名了多達二十多個君主。這些君主之間的關係，如他們與位於底比斯的阿蒙神權國家一樣，必然是很複雜的。舍沙克王朝成功地任命了他們那個家族中的許多成員爲高級祭司和神聖教后。他們的這個社會體制被稱爲封建制度，因爲許多君主透過軍事與王室聯結在一起。而且，這個時期的家族和部落之間的關係可以與中世紀的歐洲相提並論，這使得歷史學家們把伯爵、男爵和家臣（Vassal）這些術語用於埃及[17]。

就像加巴爾巴卡爾石碑上所記錄的，激起彼安基發動這次戰爭的原因或藉口，是一則寫給他的通告。其中說道：西部大王國的王公塔夫那赫特已經兼併了一些鄰近地區，正向南推進。文中陳述道：「有城牆的城鎮中的王公和統治者們就像狗一樣緊隨在他身後。」赫爾摩波利斯的法老向塔夫那赫特投降了，而只有赫拉克利奧波利斯在繼續進行抵抗。彼安基的軍隊向北推進，成功地包圍了赫爾摩波利斯，而赫爾摩波利斯的王后則去彼安基宮中的婦女那裡求情，希望得到原諒。當彼安基去看馬廄時，對馬匹在圍困期間所受到的虐待感到很憂慮。一個又一個的城市向他表示臣服。他從尼羅河邊向孟斐斯城發動了進攻，並攻陷了它。最後，除了很有謀略的塔夫那赫特以外，所有的君主都帶著貢品，歸順於彼安基。塔夫那赫特最後也投降了，並宣誓要對彼安基效忠。在銘文內有關於這些內容的詳細描述。例如，在歸順的四個君主中，只有一個人被允許進入王宮，因爲只有他一個人不吃魚，其中顯示彼安基是一個強壯、極度虔誠的國王，他輕視埃及的婦女，對他的家族非常忠心。在這次戰役之後，他回到了那培塔，而只是透過他的藩臣來統治埃及，這是這個時期以及隨後幾年的歷史狀況。

彼安基的兄弟沙巴卡（Shabaka）繼承了他的王位，並再次征服了埃及，他本身雖爲努比亞人，卻以發揚古埃及文化爲己任[18]。其後沙巴塔卡（Shabataka）和塔哈卡（Taharqa）相繼繼承了王位。第二十五王朝的法老們在王冠上佩帶了一個雙蛇圖案，作爲庫什特人（Kashite）在埃及和蘇丹統治的象徵。他們卻被埋葬在其故鄉的金字塔中[19]。他們也許爲了重申自己擁有阿蒙神的眞正王權，並把他們的建築工事根植於歷史之中，他們採用了各種把他們連結到過去偉大時代的行事方式，例如金字塔墓葬的復興。法老還把過去一位偉大的法老的名字作爲他們的一個名字。這種方法已爲拉美西斯法老們所採用。彼安基用了拉美西斯二世的首名，沙巴塔卡則用了第五王朝的捷德刻勒（Djedkare）的首名。過去的紀念物又被模仿重建，例如在沙巴卡統治期間就重建了著名的孟斐斯眾神廟，也許還複製了帕勒摩石碑年曆。塔哈卡的工匠們則在蘇丹境內的卡瓦（Kawa）複製了，在沙卡拉和阿布西爾

（Abu Sir）古王國時期的金字塔神廟內的利比亞進貢場面。

然而亞洲的情形卻阻止了庫什特人的長期霸權。亞述人在巴勒斯坦和敘利亞進行了干涉。在蘇丹人和亞洲人的統治者被迫轉向各自國內的緊急事務之前，他們注定要在尼羅河岸邊發生戰爭。亞述國王提格拉特帕拉沙爾三世（西元前七四四年至西元前七二七年）、薩爾瑪那薩爾五世（西元前七二六年至西元前七二二年）、薩爾貢二世（西元前七二一年至西元前七〇五年）和塞那赫利布（西元前七〇五年至西元前六八一年），在敘利亞和巴勒斯坦進行的戰役最後導致了庫什特人統治下的埃及與伊薩哈同（Esarhaddon，西元前六八〇年至西元前六六九年）和亞述爾巴尼拔（西元前六六八年至西元前六二七年）統治下的亞述人之間的直接激烈交鋒。伊薩哈同宣稱他徹底摧毀了孟斐斯，擊敗了塔哈卡和庫什特人，並在那裡任命了新的君主和行政官員。儘管塔哈卡後來收復了孟斐斯，但亞述爾巴尼拔卻再一次擊敗了他，並把他逐至蘇丹。塔哈卡的雕像被帶到底格里斯河流域的尼尼微，爲亞述的宮殿所用。底比斯這座城市在西元前六六三年被亞述爾巴尼拔劫掠一空。塔哈卡的兒子塔努塔芒（Tanutamun）在西元前六六四年，底比斯遭劫掠之前，繼承了他父親的王位。儘管他在其所謂的「夢碑」（Dream Stele）吹噓他所獲得的成功，但他並不能收復其前輩所控制帝國的大部分領土。在夢中，他見到了兩條蛇。這被解釋爲意味著他將統治上、下埃及。但是隨著塔努塔芒的統治，非凡的庫什特冒險時期已走到盡頭。亞述爾巴尼拔任命對亞述帝業忠誠的藩臣爲三角洲地區的君主。被帶到尼尼微去的一個埃及人尼科（Neco）被派回西部大王國，他的兒子賽伊斯被任命爲毗鄰的阿特利比斯（Athribis）的君主。儘管如此，亞述首都的動亂很快就使亞述人不能再對埃及境內的藩臣進行控制[20]。

是故，從西元前十世紀中葉，到西元前八世紀末，一個由利比亞蠻族所建立的王朝執掌了政權。之後，來自上埃及東部沙漠地區的一批努比亞人（Nubinas）侵擾埃及並曾短暫統治。西元前六七一年亞述人征服了埃及，不過他們的政權僅僅維持了八年[21]。亞述崩潰後，埃及重獲獨立，其傳統思想、信仰、習俗得以繼續發展，不過這仍注定要結束。

第二十六王朝——賽伊特王朝

第二十六王朝（西元前六六四年至西元前五二五年）的薩伊特王朝。其國王有：薩梅蒂科（Psamtik）一世至三世，內沙奧（Nechao）阿普里伊茲（Apries）和阿馬西斯[22]。

西元前六一二年，巴比倫王和米提人（Medes）聯手攻下亞述首都尼尼微，亞述帝國滅亡。埃及在薩梅蒂科領導之下擺脫了亞述控制，恢復了獨立，因此更加提倡埃及古典傳統，尤其工藝品的風格，恢復到中王國時代，甚至古王國時代的水準[23]。但這些當然不只是一種思古的情緒，而有其政治上的目的，即在三、四百年的紛擾之後，賽伊特（Saite）王朝想要取得文化上的正統性，好成爲全埃及的統治者。

賽伊特王朝是因其位於三角洲西部的首都賽伊斯（Sais）而得名。從西元前六六四年至西元前五二五年，它的統治持續了相當長的一段時間[24]。在此期間，埃及重建了統一的王權，結束了特殊的外族統治。

從利比亞王朝的國王們是本土人來說，這一王朝的統治者也是土生土長的埃及人。但他們的名字卻屬於利比亞或者那培塔語系，而不是埃及語系。這通常被稱爲「賽伊特復興時期」，它有幾個特徵：僱傭軍以及由希臘人所組成的船隊；希臘商人作爲一個階級出現在埃及歷史上，並在瑙克拉提斯（Naucratis）建立了他們的殖民地；由捐贈法令顯示的財產剝奪制度的發展；古語藝術，即一種對舊模式回歸藝術的出現[25]。這些在第三中間期都有一定程度的體現，但只有在賽伊特時代，它們才被徹底地表現出來。

埃及獲得的獨立在開始看起來，它只是一個對那培塔人和亞述人統治之前的年代回歸。每個亞述統治者所指定的君主只控制一塊土地，而且很多君主都屬於同一個利比亞部落家族[26]。希羅多德記述到埃及國土爲十二個王公所統治，他們每一個都立下誓言絕不背叛這一制度，並永不建立獨立的王國[27]。

然而一個神諭則宣稱，那個以青銅容器在神廟中供奉神祇的王公將成爲法老。阿特利比斯的統治者，即以後繼承其父在賽伊特的統治地位的薩梅蒂科（Psamtik），有一次他與其他的十一個王公進入神廟，隨從們只帶了十一個容器貢品，而薩梅蒂科則無意識地用了他的青銅頭盔作爲他自己的貢品，因此他就被人驅逐到了三角洲的邊緣。另一個神諭預言當青銅人從海上到來之時，他就會獲得成功。當愛奧尼亞和加里亞（Carian）的僱傭軍和海盜在三角周地區臨近他的流放處登陸時，這個預言就應驗了，他依靠他們的幫助奪取了王權。

儘管這些傳說非常可疑，但它們卻精確地反映了當時的一般社會情況。亞述人無力控制他們的藩屬，而且里底亞（Lydia）國王該基斯（Gyges）幫助埃及人對亞述的反抗。儘管亞述人有能力戰勝該基斯，但自此以後埃及就脫離了他們的勢力範圍。薩梅蒂科的父親尼科一世曾被亞述巴尼拔勒帶去尼尼微，然後又被亞述巴尼拔勒任命爲賽伊斯的統治者。他的兒子也學會了這種利己的外交原則。

在對三角洲地區的控制之後，他開始奪取上埃及的控制權。最重要人物當屬門圖姆哈特（Montuemhat）。他是底比斯阿蒙神廟的第四大祭司，但實際上卻是南方諸諾姆的統治者[28]。他曾在那培塔統治時期和亞述劫掠中勉力保護了底比斯，並在賽伊特時代興旺發達。爲了削弱門圖姆哈特的權勢，薩梅帝科起用了兩個主要官吏，一個是赫拉克利奧波利斯的統治者斯馬托伊塔夫那赫特（Sm-towytefnakht），他的勢力範圍在上埃及的北部。另一個是南方的統治者奈斯那伊奧（Nesnawiau）。斯馬托伊塔夫那赫特曾護衛薩梅蒂科的女兒奈托克利斯（Nitocris）去底比斯[29]。她被彼安基的女兒，神聖教后舍彭韋培特二世（Shepenwepet II）收為養女並作為她的繼承人，雖然這一職位本應傳給塔哈卡的女兒阿美尼爾提斯二世（Amunirdis II）[30]。儘管門圖姆哈特和舍彭韋培特無法戰勝新統治者的權勢，但他們顯然還是保住了他們個人的特權。位於底比斯的門圖姆哈特陵墓，它比許多國王的王陵對後世的影響大[31]。它是以墓內製作精緻的雕像和浮雕作品而聞名於世。刻有他的名字物品曾在世界各地博物館陳列和展覽。

在北方，薩梅蒂科包圍了巴勒斯坦境內的阿什多德（Ashdod）城。經過二十九年的浴血奮戰，最後攻陷了該城。而亞述亦為埃及製造了許多災難，在薩梅蒂科統治期間，雖然他試圖救援以求保住尼尼微，但它最後還是被巴比倫人所侵占。薩梅蒂科的兒子尼科二世，是一個與過去不同的政治世界，它被美提斯人（Medes）、塞特斯人（Sayths）和巴比倫人所支配[32]。如果我們認為尼科二世不是使埃及取得連續勝利的人，但他確定能被認為是賽伊特王朝中最野心勃勃的一個國王。在他父親統治的第五十五年，在他領導之下的軍隊，尼科試圖與巴比倫人的爭奪中，復興新王國時期的埃及帝國。在他初期統治中，他取得了對巴勒斯坦和敘利亞地區的控制權。他還介入了猶太王國和以色列的內部事務，並迫使猶太王國耶霍哈茲（Jehoahaz）國王下台，扶持其兄長，一個更能幫助埃及的耶霍亞基姆（Jehoia kim）上台替換他[33]。在位於幼發拉底河的卡開密什人的駐地，他擋住了亞述多次進攻，維持了他在巴比倫的權力。

但在西元前六〇五年的春天，新巴比倫國王尼布甲尼撒率軍徹底擊敗了埃及，並使其餘部逃回埃及。在西元前六〇一年，尼布甲尼撒幾乎成功地入侵埃及。但尼科的軍隊還是爲賽伊特王朝在敘利亞—巴勒斯坦南部的統治奠定了基礎。尼科野心勃勃的計畫還包括：在紅海和尼羅河之間建造一條運河，把地中海和紅海連接起來[34]。這一成就最後歸功於下一王朝的大流士（Darius），但是種種與這一建築工程有關的銘文表明，大流士只是在重開舊路。與此相反，希羅多德的結論就更明確了，他指明尼科曾派一個使團從紅海出發對非洲進行了一次成功的環航。水手們報告說，以前總是從左邊升起的太陽，在某一天開始從他們的右邊升起[35]。這證明了他們持續了三年航行的成功。

薩梅蒂科二世（西元前五九五年至西元前五八九年）不得不放棄對亞洲的強硬政策，以保護被其父忽略的南部邊境。他派出了阿馬西斯（Amasis）率領下的埃及軍隊和由托塔西姆托（Ptotasimto）率領下的由希臘人、腓尼基人和猶太人組成的僱傭軍。軍隊到達了第三瀑布以南的普努布斯（Punubs），在回途中經過阿布辛貝，士兵們在那裡以自己的語言寫下了許多粗俗的文字。在這次試圖阻止那培塔人正在醞釀的入侵行動中，他們很有可能到達了第四瀑布[36]。與早期作者的看法相反，現在看來法老在巴勒斯坦似乎沒採取積極行動。

卡納克和位於亞斯旺的舍拉爾（Shellal）的石碑，記錄了發生在薩梅蒂科統治第三年的努比亞戰役，並指出他帶回了四千二百名俘虜[37]。

阿普里伊茲（Apries）西元前五八九年至西元前五七〇年），在巴勒斯坦還處於巴比倫統治之下的那段時間登上了王位。尼布甲尼撒曾劫掠了耶路撒冷，作爲對一次約旦人叛亂的懲罰，並俘獲了該城的許多居民（這些人當時爲巴比倫人所拘禁）[38]。埃及對提爾城的圍攻長達十三年。但是使阿普里伊茲失去王位的局勢還是在西部的利比亞。利比亞人請求他的援助來對抗希臘殖民者，於是阿普里伊茲派遣阿馬西斯率一支埃及軍隊去和希臘人作戰，阿馬西斯從這一委派中得利並奪取了王權，阿普里伊茲亦被迫退位，度過了他生命中的最後兩年。

阿馬西斯（西元前五七〇年至西元前五二六年）統治埃及達四十四年之久。其間國泰民安，但也不是沒有風波。爲了控制國家內部的種族階層分化，他在瑙克拉提斯（臨近亞歷山大城）建立了希臘商人的居留地[39]。但波斯阿契美尼德人（Achaemenians）的興起，對埃及王國造成了威脅。里底亞的克羅伊索斯（Croesus）國王雖然與埃及、斯巴達和巴比倫有同盟關係，但他還是站到了居魯士（Cyrus）一邊[40]。同樣地，薩摩斯（Samos）的伯利克拉底斯（Polycrates）在他幫助阿馬西斯之前，就投靠了居魯士的兒子岡比西斯（Cambyses）。可能就是阿馬西斯的一個希臘將軍，率領了岡比西斯的波斯軍隊在培琉喜阿姆（Pelusium）打敗了埃及軍隊[41]。賽伊特最後這個統治者，薩梅蒂科三世只統治了六個月（西元前五二六年至西元前五二五年），其後王位被岡比西斯奪走。

我們關於賽伊特王朝的這一概略敘述，顯然是一種新的模式，在許多情況下，可以合理地說是「具有歷史意義」的。儘管王族的石碑和埃及的銘文爲我們提供了一些資料，但我們的資料還是主要來自於希羅多德[42]。有時他所提供的資料可能是扭曲了，就像他關於阿馬西斯使阿普里伊茲窒息而死的敘述。然而，我們還是希望能有這樣一部關於前二十五個王朝情況的歷史書[43]。

賽伊特王朝以復興藝術和建築的古老風格而著稱。然而，這一古樸風格在利比亞時代的第二十二和二十三王朝，尤其是在第二十五王朝內有了很好的體現。那培塔的法老們甚至走了極端。他們複製了第六王朝培比二世的浮雕，並在他們的某些石碑飾物上嵌上了以前統治者的名字[44]。底比斯的門圖姆哈特在他自己墓中複製了第十八王朝墓中的許多場景畫面。

「賽伊特復興」也象徵著埃及與愛琴海地區聯繫的這個轉折點。這一過程是以「海上民族」在第二十王朝期間的入侵開始，然後是在第三中間期的商人和僱傭軍的出現，最後是在亞歷山大大帝征服埃及以及以後的羅馬人征服埃及中達到頂點[45]。希臘語和民俗語（Demotic）現在成了商貿文件中通用的語言。與以色列和猶太王國的接觸，也導致了埃及境內猶太殖民地的產生，位於埃利方太尼猶太殖民地的阿拉美依克（Aramaic）記錄，是我們研究猶太王國主要資料[46]。在這時候，埃及國土又再次呈現了繁榮景象。法老迫使各地的貴族把他們的土地和都城捐贈給神廟，而他們則從神廟那裡得到收入或者官職。由此，法老就控制了那些貴族們日益增長的財富。

如果賽伊斯這座偉大城市及其城內的奈特（Neith）神廟和王族墓地能夠保留至今的話，那麼我們關於賽伊特王朝的視野會變得空前的開闊。不幸的是，這些建築物很久以前就從地球上消失了，而我們的歷史則來源於希羅多德、位於埃及別的地方的神廟浮雕、刻在官員們的石碑和雕像上的自傳以及這一繁榮興旺時代的商貿和帳目文獻[47]。

第二十七王朝到第三十王朝

埃及末期王朝（西元前四〇四年至西元前三四三年）（東周威烈王至顯王在位）。波斯人第二次統治（西元前三四三年至西元前三三二年），托勒密王朝的埃及（西元前三三〇年至西元前三十年）[48]。

西元前五二五，埃及被波斯征服，作爲波斯的一個省，淪爲「強大民族的戰利品」，到此，埃及真正的歷史文化生命結束了，此後的埃及文化完全依靠它昔日的餘暉[49]。

岡比西斯沒有重蹈亞述人的覆轍。像他之前的西克索人及他之後的希臘人、羅馬人一樣，他以自己的名義取得了埃及的王權[50]。在石碑上象形文字的銘刻顯示了岡比西斯、大流士和色西斯（Xerxes）的名字。這一做法顯然是由位列埃及貴族的波斯人建議的[51]。現在梵蒂岡博物館保存有一座雕像，其上一篇不尋常的銘文提供了烏加赫雷塞內（Udjahorreshe）的傳記。此人是賽伊斯公民，岡比西斯入侵時，他在薩梅蒂科三世麾下任埃及海軍統帥並行醫術[52]。烏加赫雷塞內詳細敘述了岡比西斯統治下他的職務，並宣稱他設計了法老的埃及頭銜及石碑上的裝飾圖案。

官方聲明他使波斯轉而崇拜埃及諸神，特別是賽伊斯及其神廟。這一王朝統治期間投奔波斯的埃及叛國者的雕像，顯示了源於波斯阿契美尼德人的服飾及珠寶細節。波斯的阿契美尼德，國家治理頗有方。在大流士統治地區一個把自己形象刻到貨幣上的叛亂總督，在一次失敗的利比亞戰爭後被處決。

在第二十七王朝波斯的統治時期，阿拉米語是波斯帝國的外交、商務語言[53]。波斯法令重整了埃及的法制體系並運用自己的法律來統治埃及人，採石場重新開放，大量的神廟建立起來，大流士時期建立的卡爾加（Khargeh）神廟今天仍然屹立在西部綠洲上。紅海和尼羅河之間的運河完工或被重新開放。但波斯的統治埃及並不是沒有引起反抗。西元前四八〇年馬拉松一役希臘人大敗波斯，這大大鼓舞了埃及人。

西元前四八四年和西元前四六〇年，在三角洲地區分別有兩次反抗色西斯和其繼承者阿塔色西斯（Artaxerxes）的叛亂。這兩次叛亂都失敗了。後來賽伊斯的阿米爾陶斯（Amyrteus）和一位利比亞王公伊納羅斯（Inaros）獲得了三百艘雅典戰艦的決定性幫助，在三角洲地區的帕普拉米斯（Papremis）戰役中打敗了波斯人[54]。然而，由於波斯人退守孟斐斯，這一勝利並不持久。伊納羅斯被殺，雅典人的另一支艦隊被波斯人的一支腓尼基艦隊摧毀。波斯像之前的亞述一樣，由於波斯國都內部問題而導致埃及失控。

曼內托的第二十八王朝只包括一任國王阿米爾陶斯（Amyrtaeus）西元前四〇四年至西元前三九八年），是他領導的反抗波斯人（西元前四一〇年至西元前四〇四年）使埃及再一次獲得獨立。在西元前四〇一年排外情緒的爆發，導致了埃利方太尼猶太神廟的被毀，但是猶太社區仍保存下來[55]。從西元前三九八年到西元前三七八年的曼內托第二十九王朝期間，另一個統治家族在門迪斯興起。主要的統治者是內腓利特斯一世（Nepherites I）和阿科利斯（Achoris）。他們的對外政策是和斯巴達聯合反對波斯，然後和雅典聯合[56]。希臘城邦之間的敵對使波斯深受其利。埃及內部的形勢很明顯不盡如人意。然而在這些法老統治下埃及還是有一些重要的建築。

第三十王朝（西元前三七八年至西元前三四一年）的三位重要法老，內克特內伯一世

（Nectanebo Ⅰ）、泰俄斯（Teos）和內克特內伯二世的出現，爲曼內托的教規名單畫上了句號。在西元前三七三年，一支波斯軍隊幾乎占領了埃及，因爲錯誤的戰術和尼羅河的氾濫，埃及才免遭此劫。埃及的法老們愈來愈依靠希臘僱傭軍的幫助，而支付這一援助的費用遠遠超過了他們支付能力[57]。泰俄斯爲了組織大軍重新征服敘利亞和巴勒斯坦，把主要的經濟負擔轉給了他的門臣和廟宇。他的哥哥背叛了他，把王位獻給泰俄斯的兒子，內克特內伯二世。內克特內伯二世被送回家，他拉攏了那時在埃及的斯巴達的阿格西勞斯（Agesilaus）和雅典的查布里阿斯（Chabrias）[58]。內克特內伯二世統治下的埃及大興土木，他興建廟宇裡的門道、獅身人面像和石磚至今都保留了下來。

然而國內的政治局勢，包括在門迪斯的諾姆發生的一次叛亂，以及來自波斯方面的武力外交的又一次使用，導致了這個長期延續的王朝結束。阿塔色西斯三世奧處斯（Artaxerxes III Ochus）的一支大軍洗劫了三角洲地區，任命了一位新的總督迫使內克特內伯逃到南方消磨他的最後兩年光陰[59]。所謂第二次波斯統治時期，也有人把這段時期定爲第三十一王朝，注定爲時不長（西元前三四一年至西元前三三二年），此時，馬其頓的亞歷山大正在征服世界的路上。

在西元前三三二年，亞歷山大以最新的埃及統治者身分到達了埃及。埃及人以他爲救主，竟不知埃及本土王朝的時代從此一去不返[60]。他朝拜了埃及的神廟，走訪了位於錫瓦

（Siwa）綠洲的偉大阿蒙的預言家。埃及人把他看作解放者[61]。路克索神廟的中心內殿，顯示了一位正在進行與神廟相適應的法老，在石碑的裝飾物上有亞歷山大的名字。卡納克神廟的中心內殿裡，也有埃及傳統風格的相似雕刻，一併雕刻在上面的還有他的繼任者菲利普阿利達烏斯（Philip Arrhidaeus）（西元前三二三年至西元前三一六年）的名字[62]。

亞歷山大征服在埃及歷史上標誌了一個轉捩點。在他的繼任者托勒密（Ptolemies）王朝連串的混亂事件中，我們可以看到經常發生的密謀事件和這個複雜的社會中，各階級以及各種族之間日益增長的仇恨情緒。埃及人、希臘人和猶太人生活在一個混亂嘈雜的世界裡[63]，在這個世界

圖 7-1　托勒密王朝埃德福的赫拉斯神廟，塔門入口　王惠玲攝

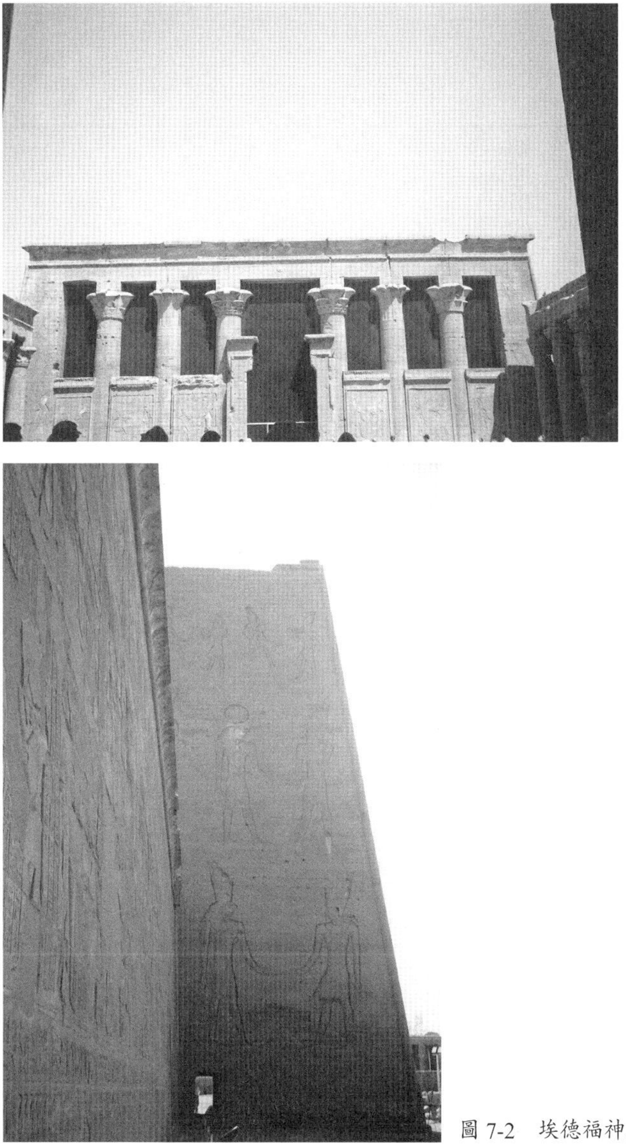

圖 7-2 埃德福神廟一隅

圖 7-3　托勒密王朝埃德福的赫拉斯神殿，庭院列柱　王惠玲攝

圖 7-4　埃德福神廟一隅　王惠玲攝

裡，學識和技術的重要性遠遠超過了社會平衡。詳細敘述的大莊園商貿生活、契約、土地買賣以及商業事務的希臘紙草，是關於那個年代的最寶貴遺產之一。

然而這些紙草更傾向於描寫古希臘的生活而不是古代埃及的延續。在托勒密及其後的羅馬統治時期，法老們大規模地修建埃及神廟，這些神廟雕刻有傳統的象形文字的宗教慣用語，貯存著相當可觀的財寶，雇有活躍的祭司，他們依照宗教日曆的索引進行大的祭祀活動。今日倖存的最好神廟主要在埃德福（Edfu）、代德夫拉（Denderen）和菲拉伊（Philae）。它們都屬於後期建築[64]。這些神廟雖以羅馬帝王的名義而建，但是由於這些帝王地處遙遠，並不認識象形文字，經常的情況是他們從未見到過這些神廟。而這些神廟卻代表著他們在遙遠的國土上，被奉獻給奇異的神祇。儘管自托勒密王朝開始舊習俗的復興，但在埃及歷史發展的過程中，要標明一個轉捩點亦變得更爲困難，亞歷山大的征服還是標明了一個較爲明顯的轉捩點。自此以後埃及的統治者們將與亞歷山大分裂出來的王國競爭[65]。其主要的對手是希臘。埃及進入了歷史上的新時期。

圖 7-5 羅馬帝國統治時期菲拉伊神廟 王惠玲攝

圖 7-6 菲拉伊神廟，羅馬帝國統治時期的圖拉眞涼亭 王惠玲攝

第八章

結　論

埃及不過尼羅河流域一片挾窄之地，長約七百哩，寬約十五哩，山勢將盡之處爲三角洲，一片廣大之平原，誠如希羅多德所言，埃及全係尼羅河之賜。西元前五世紀，希羅多德曾遊歷於此，其著作《歷史》一書中敘述了尼羅河洪水，埃及人民的風俗民情、宗教、裝束等。又傳述了當地的嚮導所言的歷史與故事。而後狄奧多魯斯（Diodorus）和斯塔蓬（Strabo）兩人也曾論及埃及，但他們所見的埃及早已衰頹，故皆不知古代埃及人。

西元一八八二年，尙波利翁（Champollion）根據一七八九年跟隨拿破崙到埃及的學者，其所蒐集的資料，成功地辨讀出古埃及的象形文字後，我們對埃及歷史的瞭解才開始逐漸的清晰。

圖 8-1　尼羅河船隻　王惠玲攝

圖 8-2 尼羅河水位各段不同，亞斯旺水壩建成後，船隻航行一如長江般須依水位高低分段升降。 王惠玲攝

自尚波利翁以來多數學者皆往埃及遊歷，多方蒐覓古跡，我們稱此輩學者爲埃及學家，歐洲各國皆有專精的學者。法國埃及學家馬立埃特（Mariette）（西元一八二一年至一八八一年）代表埃及總督實行發掘而創立布拉克（Boulak）博物館。法國也曾於開羅設立一所埃及學學校由馬斯柏洛（Maspero）主持。

世界各國的古物之發現以埃及爲最多，古埃及人之墳墓有類似房屋中藏死人所用之物品、家具、衣服、武器及食物。境內墳墓纍纍，而設備大都相同。此地氣候十分乾燥，故文物得以保藏；即埋藏四五千年之文物經發現後猶未毀損。而古人中又以埃及人所留之遺跡爲最多，故以埃及人爲我們所最熟悉。

觀於古王國時期之墳墓所藏之雕像，圖畫，及工具，我們即知古埃及人此時已係一種文明民族。西元前三五〇〇年，所有古代民族如印度人、波斯人、猶太人、希臘人、羅馬人仍處於野蠻狀態之時，埃及人已知如何冶煉金屬、繪畫、雕刻、計算；埃及人已有一種有組織之宗教，一種帝王，與一種行政。

帝國顚覆後埃及人仍保持其風俗，宗教及藝術。始爲波斯之臣民，繼爲希臘之臣民，終爲羅馬之臣民，埃及人依然保持其舊日之風俗，諸如象形文字、木乃伊與聖獸。最後在西元三世紀與二世紀之間埃及文化始全滅亡。

埃及文明的消失可溯源於西元前三三二年亞歷山大征服埃及開始，這時期埃及的祭司還能夠使用古埃及語言和文字。然而過了四個世紀，這些祭司如鳥獸散，一批又一批地消失了，於是無論刻在石碑上的文字，或者保存在圖書館裡紙莎草紙上的作品，古埃及文再也沒有人能夠辨識。

西元前一世紀中葉，凱撒不小心將亞歷山大的圖書館付之一炬。據說館內藏書達七十萬卷，內有大量古代埃及相關的著作。其中三十卷的埃及史，是埃及祭司曼內托應托勒密一世的要求，用希臘文撰寫的。而這本著作對古代埃及有詳細的敘述，而它的被焚毀，是最爲嚴重的損失之一，從此古埃及歷史留下了一片空白，到了西元四五〇年之後，古埃及文獻已經無人可以閱讀，而且希臘文撰寫的埃及歷史也消失了。

幸運的是古典時期希臘文和拉丁文作家對埃及很有興趣，他們的著作保存在拜占廷。此外，古代希伯來的歷史，記載了有關埃及部分的史實，《創世記》、《出埃及記》等，都保留了埃及政治史部分片段，對埃及人的風俗也偶有提及。而早期的基督徒，爲了證明舊約的眞實性，常常在其作品內引用曼內托的資料。由此，這位埃及祭司的著作，才得以留傳後世。現代的埃及學者習於將埃及歷史畫分爲三十個朝代，便是襲用曼內托的說法。

西元七世紀中期，阿拉伯人入侵，建立阿拉伯帝國。一二四九年開始由馬木魯克軍團指揮官統治。一五一七年被土耳其人征服。成爲奧斯曼帝國的行省。一七九八至一八〇一年，一度被拿破崙占領。一八八二年被英國軍隊占領。一九一四年埃及成爲英國的保護國。

一九二二年二月二十八日，英國被迫承認埃及獨立，但仍保留對埃及國防、外交、少數民族等權，埃及當局仍然是英國控制下的傀儡王朝，按英埃政府間協議英國可以隨時為了保護英國在埃及利益對埃及出兵。

一九五二年，以納賽為首的「自由軍官組織」發動軍事政變，推翻法魯克王朝，成立「革命指導委員會」，掌握國家政權，獲得眞正獨立。一九五三年六月十八日廢除帝制，成立共和國。一九五四年英國被迫同意分批從埃及撤軍，直到一九五六年英軍才全部撤出埃及，但仍然保持對蘇伊士運河區的事實治權。一九五六年，納賽將蘇伊士運河收為國有，引發第二次中東戰爭，英國與法國、以色列組成聯軍，突擊控制了西奈半島與蘇伊士運河區，圍殲了多支埃及軍隊，並對埃及的多座大城市展開戰略轟炸以震懾埃及軍民。埃及被炸毀民房一萬多棟，炸死一千多人，受傷二萬多人。英國保守黨首相安東尼・艾登在發起第二次中東戰爭之前並未徵得美國同意，艾登首相對於英國主管外交事務的國務大臣安東尼・納丁提交的建議以外交手段解決與埃及問題的備忘錄做出的反應是：「你那份備忘錄上都是什麼亂七八糟的東西……孤立納賽，還有這個『中立』納賽，這都是胡說八道，我要打倒他，你明白嗎？我要除掉他……我才不管埃及會不會出現混亂。」戰後埃及奠定它在中東的領導地位中心；英國上下也認清了現實國力，宣布「從蘇伊士運河以東撤退」，放棄對新加坡、馬來亞、科威特、巴林、肯亞、坦尚尼亞等地的殖民統治。

一九五八年二月，埃及與敘利亞合併，成立阿拉伯聯合共和國。一九六一年九月，敘利亞脫離阿拉伯聯合共和國。一九六七年，第三次中東戰爭爆發，埃及失去西奈半島。一九七〇年，納賽去世，由沙達特繼任總統。一九七一年九月，改國名為「阿拉伯埃及共和國」。一九七八年，埃及與以色列簽訂和平條約。一九八一年，沙達特遭刺殺身亡，由穆巴拉克繼任總統。一九八二年取回西奈半島的主權。

現代埃及國家的獨立元勛納賽（Nasser）總統並不誇張地指出，繼埃及最後一位法老內克塔內布二世（Nectanebo II）於西元前三四三年被波斯人廢黜以來，他是第一位行使主權的埃及本土人士。

二〇一一年，埃及爆發反政府示威，穆巴拉克於二月十一日辭職，將政權交給軍方。西元二〇一一年六月，穆罕默德．穆爾西當選總統。二〇一三年七月三日，穆罕默德．穆爾西被埃及軍方罷黜，埃及最高憲法法院院長阿德里．曼蘇爾隨後被軍方任命為代總統。

註 釋

第二章　史前時期的埃及

【1】吳岳添譯，古埃及探秘，頁202。
【2】林志都譯，法老守護的埃及，台北，頁24。
【3】Jean Vercoutter, L'Égypte et La Vallée du Nil, pp. 56-62.
【4】羅塞塔石碑是一塊製作於西元前一九六年的大理石石碑，原本是一塊刻有古埃及法老托勒密五世詔書的石碑。但是，由於這塊石碑同時刻有同一段內容的三種不同語言版本，使得近代的考古學家得以有機會對照各語言版本的內容後，解讀出已經失傳千餘年的埃及象形文之意義與結構，而成爲今日研究古埃及歷史的重要里程碑。
【5】William C. Hayes, Ancient Egypt, p. 20.
【6】Elwyn L. Simons, Early Human Relatives, Scientific American 211, 1, 1964, p. 60.
【7】Claude Vandersleyen, L'Égypte et La Vallée du Nil, pp. 3-12.
【8】Idem. The Earliest Simian, Scientific American, 217, 6, p. 34.
【9】Elise J. Baumgartel, The Predynastic Period Egyptian, p. 66.
【10】William C. Hayes, Ancient Egypt, p. 21.
【11】Werner Kaiser, Zur inneren Chronologie der Naqadakultur, Archaeologia Geographica 6, 1957, pp. 70-75.
【12】Gordon Child, New Discovery, p. 25.
【13】A. J. Arkeu, Peter J. Ucko, Nile Valley before The Dynasty Development Review, Contemporary Anthropology 6, No. 2, 1965, pp. 149-160.
【14】Bruce G. Trigyer, Beyond History: The History of the Early Research Method, p. 45-61.
【15】劉英，永恆的埃及，頁27。

【16】Helene J. Kantor, Early Mesopotamia and Egypt, Near Eastern Studies 11, 1952, pp. 240-245.

【17】Henri Frankfort, The Birth of Civilization in the Near East Area, p. 84.

【18】Robert W. Enrich, Ancient World Archaeology, p. 77.

【19】陳建民譯，近東古代史，頁 163。

【20】Romuald Schild, Egyptian Prehistory, Science 169, No. 3951, 1970, pp. 1165-1169.

【21】Alan H. Gardiner, Egyptian Grammar, pp. 5-18.

【22】吳岳添譯，古埃及探秘，頁 202。

【23】孫錦全，夕陽下的金字塔，頁 2。

【24】Alan H. Gardiner, Egyptian pharaohs, p. 45.

【25】John A. Wilson, Ancient Egyptian Culture, pp. 28-34.

【26】Ludlow Bull, The History of the Ancient Near East Concepts, pp. 3-33.

【27】Eberhard Otto, Geschichtsbild und Geschichtsschribung in Agypten, Die Walt des Orient 3, 1966, pp. 161-176.

【28】Eberhard Otto, Zeitvorstellungen und Zaitrechnung in Alten Orient, Studium Generale 19, 1966, pp. 743-751.

【29】James M. Weinstein, The Egyptian Empire in Palestine, A Reassessment, Bulletin of the American Schools of Oriental Research, n° 241, 1906, pp. 8-12.

【30】H. Ranke, Vom Geschichtsbilde der Alten Aegypter, Chronique d'Égypte 6, 1931, pp. 271-286.

【31】Dominique Valbelle, Histoire de l'État Pharaonique, pp. 35-42.

【32】Michel Dessoudeix, Chronique de l'Égypte Ancienne, pp. 77-82.

【33】Aude Gros de Beler et Jean-Claude Golvin, Guide de l'Égypte Ancienne, pp. 47-65.

【34】穆朝娜譯，解剖古埃及，頁 23。

【35】Werner Kaiser, Einige Bemerkungen zur Ägyptischen Frühzeit, Zeitchrift für Ägyptiscch Sprache und Altertumskunde 91, 1964, pp. 86-125.

【36】Jean-Marie Brunier, La Stèle Histoire de La Colonie Juive d'Égypte, pp. 15-26.

【37】Philippe Derchain, Ménès, Le Roi Quelqu'un, Revue d'Égyptologie, n° 18, 1966, pp. 31-36.

【38】Alan H. Gardiner, Turing Royal Canon, pp. 23-51.

【39】Jean Vercoutter, L'Égypte Ancienne, pp. 55-81.

【40】J. L. de Cénival, Un Nouveau Fragment de La Pierre de Palerme, Bulletin de la Société Ftançaise d'Égyptclegie 44, 1965, pp. 13-17.

【41】Sophie Desplancques, L'Égypte Ancienne, Paris, pp. 31-46.

【42】Wolfgang Helck, Geschichte des Alten Ägypten, p. 28.

【43】Pascal Vernus, Jean Yoyotte, Dictionnaire des Pharaons, pp. 12-54.

【44】Jean-Louis Podvin, L'Égypte ancienne, pp.28-38.

【45】Dimitri Laboury, L'Égypte Pharaonique, pp. 62-63.

【46】Jules B. Billard, Ancient Egypt: Discovering Its Splendors, Washington D.C., National Geographic Society, 1978, p. 109.

【47】Alan Henderson Gardiner, Egypt of the Pharaohs, pp. 124-138.

【48】Pascal Vernus, Jean Yoyotte, Dictionnaire des Pharaons, pp. 64-85.

【49】A. G. McDowell, Village Life in Ancient Egypt: Laundry Lists and Love Songs, p. 168.

【50】Ynn Meskell, Object Worlds in Ancient Egypt: Material Biographies Past and Present, p. 23.

【51】Henry Chadwick, The Church in Ancient Society, p. 373.

【52】James Henry Breasted, Ancient Records of Egypt Historical Documents from Earliest Times to the Persian Conquest, pp. 27-33.

【53】H. S. Smith, Egypt and the Carbon-14 Method, pp. 32-37.

【54】顏海英，古埃及文明探秘，頁24。

【55】蒲慕州，法老的國度，頁21。

【56】Hatchepsout, Digital Egypt for Universities, University College London. Consulté le 28 Novembre 2009.

【57】羅漁，西洋上古史，頁120。
【58】Marc Gabolde, Akhénaton. Du Mystère à la Lumière, p. 128.
【59】Jean Vercoutter, L'Égypte Ancienne, pp. 121-142.
【60】Brewer, Douglas J.; Teeter, Emily, Egypt and The Egyptians, pp. 123-147.
【61】周谷城主編，古埃及文化求實，頁1-3。
【62】羅漁，西洋上古史，頁152。
【63】Sophie Desplancques, L'Égypte Ancienne, pp. 38-55.
【64】Jean-Louis Podvin, L'Égypte Ancienne, pp. 26-29.
【65】Ricardo Caminos, Egypt Late Stage Miscellany, pp. 384-385.
【66】Pascal Vernus et Jean Yoyotte, Dictionnaire des Pharaons, pp. 18-25.
【67】周谷城主編，古埃及文化求實，頁206。
【68】陳建民譯，古代文化史，頁26。
【69】周谷城主編，古埃及文化求實，頁160。
【70】同上，頁289-290。

第三章　早王朝時期

【1】吳岳添譯，古埃及探秘，頁202。
【2】James Henry Breasted, Ancient Records of Egypt, pp. 16-61.
【3】Nicolas Grimal, Histoire de L'Égypte Ancienne, pp. 25-88.
【4】陳建民譯，近東古代史，頁189。
【5】Hans Wolfgang Helck , Geschichte des Alten Ägypten, pp. 77-111.

〔6〕 Jacques Briend, Les Pharaons dans La Bible. Pouvoir du Roi, Autorité de Dieu, dans le Monde de la Bible, p. 47.

〔7〕 Hermann Alexander Schlögl, Das Alte Ägypten. Geschichte und Kultur von der Frühzeit bis zu Kleopatra, pp. 32-68.

〔8〕 Thomas Schneider, Lexikon der Pharaonen,pp. 78-89.

〔9〕 L'Égypte et la Vallée du Nil: Des Origines à la Fin de l'Ancien Empire, 12000-2000 av. J.-C., pp. 46-82.

〔10〕 A. J. Arkell, Was King Scotpion Menes? pp. 31-34.

〔11〕 Elise J. Baumgartel, Scorpion and Roses, Zeitschrift für Ägyptische Sprache und Altertumskunde 93, 1966, pp. 9-13.

〔12〕 Winifred Needler, A Scorpion and A Stone Humanoid, American Research Center 6, 1967, p. 87-91.

〔13〕 Jürgen Von Beckerath, Handbuch der Ägyptischen Königsnamen, MÄS 20, Deutscher Kunstverlag, München, Janvier 1984.

〔14〕 Jean Vercoutter, L'Égypte Ancienne, pp. 171-188.

〔15〕 Cervelló-Autuori, Narmer, Menes and the Seals from Abydos, p. 174.

〔16〕 Jean Vercoutter, L'Égypte et la Vallée du Nil: Des Origines à la Fin de l'Ancien Empire, pp. 87-95.

〔17〕 Edwards, The Early Dynastic Egyptian Era, pp. 66-78.

〔18〕 Jean-Marie Brunier, La Stèle Histoire de la Colonie Juive d'Égypte, pp. 62-92.

〔19〕 Pascal Vernus, Jean Yoyotte, Dictionnaire des Pharaons, pp. 72-98.

〔20〕 Wilkinson, Early Dynastic Egypt, p. 67.

〔21〕 Michel Dessoudeix, Chronique de l'Égypte Ancienne, pp. 45-68.

〔22〕 Sophie Desplancques, L'Égypte Ancienne, pp. 41-56.

〔23〕 Béatrix Midant-Reynes, aux Origines de l'Égypte. du Néolithique à L'Émergence de L'État, pp. 37-51.

〔24〕 Nicolas Grimal, Histoire de l'Égypte Ancienne, p. 48.

〔25〕 William Gillian Waddell, Manetho: The Loeb Classical Library, Volume 350, pp. 33-37.

〔26〕 古埃及定都孟菲斯時，沙卡拉是孟菲斯的「死者之城」。

〔27〕 Emory, Ancient Egyptian Era, pp. 115-124.

【28】Alan H. Gardiner: The Royal Canon of Turin, p. 15.

【29】Wolfgang Helck: Untersuchungen zur Thinitenzeit, Ägyptologische Abhandlungen, Volume 45, 1955, p. 124, 160.

【30】Jean Yoyotte, Une Notice Biographique du Roi Osiris, BIFAO 77, Le Caire, 1961, pp. 145-149.

【31】Emory, Ancient Egyptian Era, pp. 141-166.

【32】Pascal Vernus Jean Yoyotte, Dictionnaire des Pharaons, p. 49.

【33】M.I. Aly, Mitteilungen des Archäologischen Instituts Kairo 54. 1998, pp. 219-222.

【34】Pascal Vernus, Sagesses de l'Égypte Pharaonique, p. 78.

【35】Paul Barguet, Le Livre des Morts des Anciens Égyptiens, p. 162.

【36】Erik Hornung, Les Dieux de L'Égypte. Le Un et le Multiple, pp. 143-147.

【37】Ramadan El-Sayed, Les Rôles Attribués à la Déesse Neith dans Certains des Textes des Cercueils, pp. 148-155.

【38】Shaw, Ian,. The Oxford History of Ancient Egypt, p. 479.

【39】Alan K. Bowman, Egypt after the Pharaohs, pp. 79-86.

【40】Idem,pp. 50-58.

【41】Carl Roebuck, The World of Ancient Times, p. 52-53.

【42】Kinnaer, Jacques, Early Dynastic Period, The Ancient Egypt Site, pp. 63-79.

【43】Henri Frankfort, Near East: The Birth of Human Civilization, pp. 145-177.

【44】El Shabrawy, Gamal M; Henri J. Dumont, The Toshka Lakes, In the Nile, pp. 157-162.

【45】Werner Kaiser, Einige Bemerkungen zur Ägyptischen Fiühzeit, Zeitschrift für Ägyptische Sprache und Altertumskunde, pp. 86-125.

【46】Georges Daressy, La Pierre de Palerme et La Chronologie de l'Ancien Empire, Bulletin de l'Institut français d'Archéologie Orientale (BIFAO), Le Caire, Vol. n 12, 1916.

【47】

【48】James Henry Breasted, Ancient Records of Egypt Historical Documents from Earliest Times to The Persian Conquest, pp. 55-69.

【49】這些序數符號只是指某一個統治時期。

【50】蒲慕州，西洋上古文化，頁68。

【51】Shaw, Ian, The Oxford History of Ancient Egypt, p. 480.

【52】Idem.

【53】Romer, John, The Lost Dynasty, A History of Ancient Egypt, pp. 221-22.

【54】Bard, Kathryn A. The Emergence of the Egyptian State, p. 85.

【55】Pascal Vernus, Jean Yoyotte, Dictionnaire des Pharaons, p. 177.

【56】金壽福，法老—戴王冠的人間之神，頁114。

【57】Kathryn A. Bard, An Introduction to the Archaeology of Ancient Egypt, p. 114.

【58】Von der Way, Thomas, "Zur Datierung des 'Labyrinth-Gebaudes' auf dem Tell el-Fara'in (Buto)", Göttinger Miszellen 157, 1997, p. 107.

【59】Jean Vercoutter, L'Égypte Ancienne, pp. 40-49.

【60】任剛，金字塔，頁42。

【61】Sophie Desplancques, L'Égypte Ancienne, pp. 31-37.

【62】Griffiths, J. Gwyn. Allegory in Greece and Egypt.,pp. 24-32.

【63】Pascal Vernus ,Jean Yoyotte, Dictionnaire des Pharaons, pp. 37-45.

【64】Aidan Dodson, Dyan Hilton, The Complete Royal Families of Ancient Egypt, pp. 55-58.

【65】Jean Louis Podvin, L'Égypte Ancienne, pp. 22-36.

【66】Jean Vercoutter, L'Égypte et la Vallée du Nil, pp. 66-77.

【67】林志都譯，法老守護的埃及，頁36。

【68】金觀濤，悲壯的衰弱，頁102。

【69】Cyril Aldred, Akhenaten, King of Egypt, pp. 55-78.
【70】Claude Vandersleyen, L'Égypte et la Vallée du Nil, pp. 78-91.
【71】Béatrix Midant-Reynes, Aux Origines de L'Égypte. Du Néolithique à l'Émergence de l'État, pp. 15-30
【72】Dominique Valbelle, Histoire de L'État Pharaonique, pp. 33-41.
【73】Shaw. Ian, The Oxford History of Ancient Egypt, p. 104.
【74】王曉焰，金字塔後面的世界，頁 139。
【75】老安等譯，古代文明，頁 96。
【76】Michel Dessoudeix, Chronique de l'Égypte Ancienne, pp. 88-97.
【77】Aude Gros de Beler, Jean-Claude Golvin, Guide de l'Égypte Ancienne, pp. 12-25.
【78】Aude Gros de Beler, La Mythologie Égyptienne, pp. 111-124.
【79】Jean Marie Brunier, La Stèle Histoire de la Colonie Juive d'Égypte, pp. 66-78.
【80】James P. Allen, Middle Egyptian, pp. 112-133.
【81】Idem.
【82】Alexander Badawy, A History of Egyptian Architecture, pp. 15-27.
【83】Barry Kemp, Ancient Egypt, pp. 88-97.
【84】Aldred, Cyril. Akhenaten, King of Egypt, pp. 22-31.
【85】Siliotti, Alberto, The Discovery of Ancient Egypt, pp. 28-35.

第四章　金字塔時代：古王國

【1】吳岳添譯，古埃及探秘，頁 202。
【2】同上，頁 202。

【3】楊玲宜主編，一生一定要探索的古埃及五十二個秘密，頁30。
【4】Antonio Loprieno, Old Kingdom, pp. 38-39.
【5】David A. Warburton, Ancient Egyptian Chronology, pp. 116-123.
【6】Toby A. H. Wilkinson, Early Dynastic Egypt, pp. 60-61.
【7】Jean Philippe Lauer, L'Histoire Monumentale des Pyramides d'Égypte, pp. 79-91.
【8】Jochem Kahl, Third Dynasty, pp. 71-72.
【9】Nigel C. Strudwick, Texts from the Pyramid Age, pp. 81-95.
【10】Alessandro Roccati, La Littérature Historique sous l'Ancien Empire, pp. 88-96.
【11】Nigel C. Strudwick, Texts from the Pyramid Age, pp. 121-127.
【12】Michel Baud, The Old Kingdom, pp. 63-80.
【13】jaroslav černý , Ancient Egyptian Religion, pp. 66-75.
【14】Frank Ford, Before Generated in Philosophy, pp. 21-34.
【15】Claire Lalouette, Au Royaume d'Égypte, pp. 37-43.
【16】I. E. S. Edwards, Egyptian Pyramids, pp. 51-63.
【17】Juan Carlos Moreno Garcia, Egipto en el Imperio Antiguo, pp. 22-31.
【18】Leslie Grinsell, Egyptian Pyramid, pp. 61-67.
【19】Claudine le Tourneur d'Ison, Lauer et Sakkara, pp. 32-45.
【20】J.ph. Lauer, Histoire Monumentale des Pyramides d'Égypte, pp. 41-52.
【21】Michel Baud, Djoser et la IIIe Dynastie, pp. 77-86.
【22】梯形金字塔是透過幾層巨大的石階而上升到頂端的。夾層金字塔的頂端與梯形金字塔很相似，但建造者又在它的核心部位增添了護土牆。眞正的金字塔最初是透過塡滿夾層或梯形金字塔四邊的石階使它的四面光滑而建成的。一旦採取了這種方式，早期的幾種方式就不用了。

【23】Michèle Broze, Mythe et Roman en Egypte Ancienne: Les Aventures d'Horus et de Seth dans Le Papyrus Chester Beatty I, Vol. 76, Peeters Publishers, coll. « Orientalia Lovaniensia Analecta », 1996, p. 304.
【24】Jean Yoyotte, Pascal Charvet, Strabon, Le Voyage en Égypte - Un Regard Romain, pp. 63-72.
【25】陳瑞清譯，築夢金字塔，頁 45。
【26】它使人迷惑不解當然完全是由於我們不理解建築師的建築任務，沒有看透群體建築各部分的功能。
【27】Toby Wilkinson, Early Dynastic Egypt, Routledge, pp. 83-95.
【28】Iorwerth Eiddon Stephen Edwards, Les Pyramides d'Égypte, pp. 56-63.
【29】Harry Adès, A Traveller's History of Egypt, pp. 48-53.
【30】Gustave Lefebvre, Romans et Contes Égyptiens de L'Époque Pharaonique, Paris, Libraire d'Amérique et d'Orient, 1976, pp. 24-36.
【31】Aidan Dodson, Dyan Hilton, The Complete Royal Families of Ancient Egypt, pp. 45-58.
【32】Kurt Heinrich Sethe, Urkunden des Alten Reich, pp. 37-46.
【33】Auguste Mariette, Les Mastabas de l'Ancien Empire, pp. 52-68.
【34】Hawass, Zahi, "The Head of Userkaf" in "The Splendour of the Old Kingdom" in the Treasures of the Egyptian Museum, Francesco Tiradritti (editor), The American University in Cairo Press, 1999, pp. 72-73.
【35】Magi, Giovanna. Saqqara: The Pyramid, The Mastabas and the Archaeological Site, pp. 29-35.
【36】Jean-Philippe Lauer, Audran Labrousse, Les Complexes Funéraires d'Ouserkaf et de Néferhétepès, pp. 65-76.
【37】Christiane Desroches Noblecourt, Le Patrimoine de l'Égypte Ancienne, pp. 78-85.
【38】Ricke, Bermerkungen zur Ägyptischen Baukunst des Alten Reichs, pp. 23-35.
【39】James Henry Breasted, Ancient Records of Egypt Historical Documents from Earliest Times to the Persian Conquest, pp. 89-97.
【40】Georges Daressy, La Pierre de Palerme et La Chronologie de l'Ancien Empire, Vol. 12, Le Caire, BIFAO, 1916.
【41】Gilles Dormion, J.P. Goidin, Les Nouveaux Mystères de la Grande Pyramide, pp. 72-85.

【42】G. Cantu, Le Mystère des Pyramides, pp. 126-137.

【43】Jump up Miroslav Verner, Archaeological Remarks on The 4th and 5th Dynasty Chronology. In: Archiv Oriental. vol. 69, 2001, p. 363.

【44】Georges Goyon, Le Secret des Bâtisseurs des Grandes Pyramides, pp. 71-82.

【45】Jean-Philippe Lauer, Le Mystère des Pyramides, pp. 56-68.

【46】趙立行，古埃及的知慧，頁 70。

【47】Vito Maragioglio, Celeste Rinaldi, L'Architettura delle Piramidi Menfite, 1963-1977, Parte III, Planche 10.

【48】G. Cantu, Le Mystère des Pyramides, pp. 95-109.

【49】Georges Goyon, Le Secret des Bâtisseurs des Grandes Pyramides, pp. 33-39.

【50】Gilles Dormion, La Pyramide de Chéops, Architecture des Appartements Funéraires, 1996, , pp. 20-35.

【51】Aidan Dodson, Dyan Hilton, The Complete Royal Families of Ancient Egypt, p. 57.

【52】Porter and Moss, Topographical Bibliography of Ancient Egyptian Hieroglyphic Texts, Reliefs, and Paintings; Part III; pp. 179-182.

【53】Gilles Dormion, J.P. Goidin, Nouvelle Enquête Khéops, pp. 12-23.

【54】G. Cantu, Le Mystère des Pyramides, pp. 17-25.

【55】Aidan Dodson: Monarchs of the Nile, pp. 29-34.

【56】Otto Muck, Chéops et la Grande Pyramide, pp. 42-51.

【57】Jean Capart, Marcelle Merbrouck, Memphis, à l'Ombre des Pyramides, pp. 82-94.

【58】Claude Cetekk, Nous Avons Bâti les Pyramides, pp. 13-19.

【59】François Xavier, Thierry Enel, La Bible de Pierre, pp. 71-82.

【60】翟國瑾譯，世界通史，頁 55。

【61】吳岳添譯，古埃及探秘，頁 41。

【62】同上，頁 202。

【63】Kurt Heinrich Sethe, Urkunden des Alten Reich, pp. 8-16.

【64】任剛，金字塔，頁 64。

【65】Adolf Erman, Ancient Egyptians, pp. 36-47.

【66】James Henry Breasted, Ancient Records of Egypt Historical Documents from Earliest Times to the Persian Conquest, pp. 21-26.

【67】蒲慕州，法老的國度，頁 63。

【68】Ericch Winter, Zur Deutung der Sonnenheilig der 5, Dynastie, Wiener Zeitschrift für die Kunele des Morgen Landes 54, 1957, pp. 222-223.

【69】Hans Goedicke, Bemerkung zun Alter der Sonnmheiligtümer, Bulletin de l'Institut Français d'Archéologie Orientale 56, 1957, pp. 151-153.

【70】Wemer Kaiser, Zu den Sonnenheilig fümern der 5 Dynastie, Mittailungen des Deufchen Archäologischen Instituts, Abteileilung Kairo 14, 1956, pp. 104-116.

【71】Jean-Pierre Adam, Christiane Ziegler, Les Pyramides d'Égypte, pp. 23-35.

【72】Shaw, Ian, The Oxford History of Ancient Egypt, 2000, p. 480.

【73】P. Posener-Kriéger, Abu Silvio Papyrus, pp. 62-78.

【74】Miroslav Verner, Die Pyramiden, pp. 23-31.

【75】Alexandre Piankoff, Egyptian Religious Inscriptions and Art "volume," Unas Pyramid ", pp. 7-18.

【76】Alberto Siliotti, Pyramiden - Pharaonengräber des Alten und Mittleren Reiches, pp. 11-17.

【77】Allen, Thomas George, The Book of the Dead or Going Forth by Day. Ideas of the Ancient Egyptians Concerning The Hereafter as Expressed in Their Own Terms, SAOC Vol. 37; University of Chicago Press, Chicago, 1974.

【78】Siegfried Schott, Aufnahman vom Hungtrstref aus dun Hufweg der Unuspyramide, Revue d'Égyptologie 17, 1965, pp. 7-13.

【79】Jean Vercoutter, L'Égypte Ancienne, pp. 37-47.

【80】Jean Louis Podvin, L'Égypte Ancienne, pp. 22-29.

【81】Smith's, Egyptian Old Kingdom and First Intermediate Period Beginning, p. 49.

【82】Wolfgang Helek, Geschichte des Alten Ägypten, pp. 71-72.

【83】J. H. Breasted, Ancient Records of Egypt Historical Documents from Earliest Times to The Persian Conquest, pp. 325-336.

【84】Sophie Desplancques, L'Égypte Ancienne, pp. 62-76.

【85】J. H. Breasted, Ancient Records of Egypt Historical Documents from Earliest Times to The Persian Conquest, pp. 350-354.

【86】Christiane Zivie-Coche, « Nitocris, Rhodopis et La Troisième Pyramide de Giza », Bulletin de l'Institut Français d'Archéologie Orientale, n° 72, 1972, pp. 115-138.

【87】趙立行，古埃及的智慧，頁 209，210。

【88】J. H. Breasted, Ancient Records of Egypt Historical Documents from Earliest Times to the Persian Conquest,pp.275-284.

【89】蒲慕州，法老的國度，頁 58。

【90】J. H. Breasted, Ancient Records of Egypt Historical Documents from Earliest Times to the Persian Conquest, pp. 77-85.

【91】Edwards, The Cambridge Ancient History: Early History of the Middle East, pp. 68-76.

【92】Christine Hobson, Exploring The World of the Pharaohs, p. 85.

【93】Jacques Pirenne, Histoire de la Civilisation de l'Égypte Ancienne, pp. 111-124.

【94】Nicolas Grimal, Histoire de l'Égypte Ancienne, pp. 8-21.

【95】Michel Baud, Vassil Dobrev, De Nouvelles Annale de l'Ancien Empire Égyptien. Une «Pierre de Falerme» pour La VIe Dynastie, Vol. 95, Le Caire, BIFAO, 1995.

【96】Barry John Kemp, The Osiris Temple at Abydos, MDAIK, n° 23, 1968.

【97】Nicolas Grimal, Histoire de l'Égypte Ancienne, pp. 32-41.

【98】James P. Allen, The Ancient Egyptian Pyramid Texts, pp. 224-235.

【99】Mohamed Ibrahim Bakr, The Old Kingdom at Bubastis - Excavations since 1978 Outline, Discussions in Egyptology, n° 1, 1989.

【100】Idem.
【101】孫錦全，夕陽下的金字塔，頁 40。
【102】Shaw, Ian, The Oxford History of Ancient Egypt, p. 480.
【103】James Henry Breasted, Ancient Records of Egypt, pp. 291-324.
【104】Sir Alan H. Gardiner, Pharaoh's Egypt, pp. 94-98.
【105】Hams Goedicke, Sixth Dynasty Military War in Southern Palestine, Revista Degli Stadi Orientali: 38, 1963, pp. 187-197.
【106】James Henry Breasted, Ancient Records of Egypt, pp. 325-336.
【107】John A. Wilson, The Old Testament about the Ancient Near East Inscriptions, pp. 227-228.
【108】Mereruka, Maas Taba Tomb, pp. 87-92.
【109】Elmar Edel, Ägyptologische Stadien, pp. 51-75.
【110】H. A. Groenewegen-Frankfort, Barriers and Progress, pp. 28-44.
【111】D. M. Dixon, Potato Country, Published in the "Egyptian Archaeology" 44, 1958, pp. 40-55.
【112】Elmar Edel, Inschriften des Alten Araeiches XI, Zeitschrift für Agyptoche Spache und Alterwnskunde 85, 1959 pp. 18-23.
【113】Hans Goedicke, Königiche Documente aus den Alten Reid, pp. 56-67.
【114】Claude Carrier, Textes des Pyramides de l'Égypte Ancienne, pp. 15-22.
【115】John A. Wilson, The Old Testament about the Ancient Near East Inscriptions, pp. 467.

第五章　第一～二中間期與中王國時期

【1】吳岳添譯，古埃及探秘，頁 202。
【2】Wofgschenkel, Memphis, Kerahleopolis, Thehen:Die Epigraphische Zeugnisse de 7-11 Dynastie Ägyptens, pp. 18-26.
【3】Jürgen von Beckératen, Die Dynastie der Heraklepopliten, Zietschrift für Ägyptische Sdrache und Altertumskunde 93, 1966, pp.

13-20.

【4】金觀濤，悲壯的衰弱，頁 89。

【5】Barbara Bell, Egypt's First Dark Period, "American Archaeology" 75, 1971, pp. 1-26.

【6】Paseal Vernns, Quelques Examples du Type du 'Parrenu' dans l'Égypte Ancienne, Bulletin de le Société Française d'Égyptologie 59, 1970, pp. 31-47.

【7】Adolf Klasons une Révolution Sociale dans l'Égypte Ancienne, Etades et Traraux, Vol.2, Traraux du Centre à Archéologie Mediterranéenne de l'Académie Polonaise des Sciences 6, 1968, pp. 5-13.

【8】Kathryn A. Bard , Encyclopaedia of The Archaeology of Ancient Egypt, pp. 36-47.

【9】William C. Hayes, Egyptian Middle Kingdom, pp. 32-45.

【10】Hans Goedicke, Königliche Documente dem Alten Reich, pp. 1-20.

【11】W. Schenkel, Zum Feudalismus der Ersten Zwischenit Ägyptens, Orientlia 33, 1964, pp. 263-266.

【12】Gustave Lefebvre, Romans et Contes Égyptiens de l'Époque Pharaonique, pp. 17-26.

【13】E. Brunner Traut, Altägyptische Märechen, pp. 15-26.

【14】J. J. Clere, Histoire des XI et XII Dynasties Égyptiennes, Histoire du Monde, 1, 1954, pp. 643-668.

【15】John A. Wilson, Old Testament about the Ancient Near East Inscriptions Excerpts, pp. 72-86.

【16】J. Baines, Jaromir Málek, Atlas of Ancient Egypt, pp. 84-105.

【17】Adolf Ermun, Ancient Egyptians, pp. 58-67.

【18】Miriam Lichtheim, Ancient Egyptian Literature, pp. 97-109.

【19】蒲慕州，法老的國度，頁 132。

【20】Sir Alan H. Gardiner "Mei Li Kala", "Egyptian Archaeology" 51, 1965, pp. 53-62.

【21】Idem.

【22】Idem.

【23】Miriam Lichtheim, Ancient Egyptian Literature, pp. 99-108.

【24】Idem.

【25】Idem.

【26】Bard Katherine A., Encyclopedia of the Archaeology of Ancient Egypt, pp. 64-73.

【27】Clayton, Peter A.. Chronicle of the Pharaohs: The Reign-by-Reign Record of the Rulers and Dynasties of Ancient Egypt, pp. 72-84.

【28】Breasted, James Henry, Ancient Records of Egypt, pp. 99-108.

【29】IES Edwards, Egyptian Pyramid, pp. 88-94.

【30】Pierre Montet, La Vie Quotidienne en Égypte au Temps des Ramsès. 1300 à 1100, pp. 349-352.

【31】H. E. Winlock, Ancient Egyptian Daily Life, pp. 5-18.

【32】T. G. H. James, The Early Literature Middle Kingdom, pp. 17-26.

【33】Fairman, H. W.; Grdseloff, B. "Texts of Hatshepsut and Sethos I Inside Speos Artemidos". Journal of Egyptian Archaeology 33, 1947, pp. 12-33.

【34】Guillemette Andreu, Les Égyptiens au Temps des Pharaons, pp. 35-45.

【35】Redford, Donald B, History and Chronology of The 18th Dynasty of Egypt, pp. 78-89.

【36】Gardiner, Alan Henderson "Davies's Copy of The Great Speos Artemidos Inscription". Journal of Egyptian Archaeology 32, 1946, pp. 43-56.

【37】Gae Callender, The Middle Kingdom Renaissance, pp. 148-183.

【38】W. Grajetzki, The Middle Kingdom of Ancient Egypt: History, Archaeology and Society, Duckworth, London, 2006, pp. 28-35.

【39】Breasted, James Henry, Ancient Records of Egypt, pp. 427-456.

【40】Hans Goedicke, Middle Kingdom Quarrying Situation, American Research Center "3, 1964, pp. 43-50.

【41】Idem.

【42】Aidan Dodson, Dyan Hilton, The Complete Royal Families of Ancient Egypt, pp. 11-25.

【43】Murnane, William J. Ancient Egyptian Coregencies, Studies in Ancient Oriental Civilization (SAOC) 40. The Oriental Institute of The University of Chicago, 1977, p. 7.

【44】Claire Lalouette, Au royaume d'Égypte, pp. 65-77.

【45】William K. Simpsen, Twelfth Dynasty of Egypt, American Research Center 2, 1953, pp. 53-63.

【46】Idem.

【47】Idem.

【48】Aidan Dodson, Dyan Hilton: The Complete Royal Families of Ancient Egypt, pp. 35-39.

【49】Parker, Richard A., The Sothic Dating of The Twelfth and Eighteenth Dynasties, pp. 11-28.

【50】Jürgen von Beckerath, The Date of the End of the Old Kingdom of Egypt, JNES 21, 1962, pp. 146-152.

【51】周谷城主編，古埃及文化求實，頁 72。

【52】Dieter Miüller,《Dergute Hirte: Ein Beitrag zur Geschichte Ägyptischen Bildrede》, Zeitschrift für Ägyptische Sprache und Altertumskunde 86, 1961, pp. 126-144.

【53】James P. Allen, Middle Egyptian: An Introduction to the Language and Culture of Hieroglyphs, pp. 259-268.

【54】Georges Posener, Littérature et Politique dans El Égypte de la X Ⅱ' Dynastie, pp. 55-68.

【55】Adolf Erman, The Ancient Egyptians, pp. 78-86.

【56】R. B. Parkinson, The Tale of Sinuhe and Other Ancient Egyptian Poems, pp. 21-31.

【57】周谷城主編，古埃及文化求實，頁 93。

【58】Miriam Lichtheim: Ancient Egyptian Literature, pp. 135-138.

【59】A. W. Lawrance, Ancient Egyptian Defenses, Egyptian Archaeology, 51, 1956, pp. 69-94.

【60】蒲慕州，法老的國度，頁 157。

【61】W. A. Ward, Egypt and The Eastern Mediterranean Twenty Century BC, "Eastern Culture" 30, 1961, pp. 22-45.

【62】William C. Hayes, Evaluation of The Late Middle Kingdom Egyptian Government Institutions, Near East Studies, 12, 1953, pp. 31-39.

【63】William K. Simpsom, Amun-Wosre Monument Erected Provenance and Times, Egyptian Archaeology 52, 1966, pp. 174-179.

【64】Ikram, Salima, Animal Mummies in Ancient Egypt, pp. 207-227.

【65】Leonard H. Lesko, Pharaoh's Workers: The Villagers of Deir El Medina, pp. 141-148.

【66】James P. Allen, Middle Egyptian: An Introduction to the Language and Culture of Hieroglyphs, pp. 266-275.

【67】Edward F. Wente's Review of: Papyrus Reisner II; Accounts of The Dockyard Workshop at this in the Reign of Sesostris I by William Kelly Simpson, Journal of Near Eastern Studies, Vol. 26, No. 1 (Jan., 1967), pp. 63-64.

【68】Aidan Dodson, Dyan Hilton: The Complete Royal Families of Ancient Egypt, pp. 61-75.

【69】Jürgen von Beckerath, Untersuchungen zur Politischen Geschichte der Zweiten Zwischenzeit in Agypten, pp. 75-84.

【70】Parker, Richard A., The Sothic Dating of the Twelfth and Eighteenth Dynasties, pp. 12-24.

【71】Kim S. B. Ryholt, The Political Situation in Egypt during the Second Intermediate Period, c.1800-1550 B.C., pp. 197-208.

【72】Christopher Bronk Ramsey, Radiocarbon-Based Chronology for Dynastic Egypt, Science, 18 June Vol. 328. no. 5985, 2010, pp. 1554-1557.

【73】Breasted, Ancient Records of Egypt, pp. 753-765.

【74】K. S. B. Ryholt, Hotepibre, A Supposed Asiatic King in Egypt with Relations to Ebla, Bulletin of the American Schools of Oriental Research, No. 311, 1998, pp. 1-6.

【75】Hayes, The Late in The Kingdom a Roll Cursive, pp. 74-87.

【76】Torgny Säve-Söderbergh, Hyksos Rule in Egypt, Egyptian Archaeology 37, 1951, pp. 53-71.

【77】Idem.

【78】焦冬梅編輯，尼羅河兩岸—古埃及，頁 121。

【79】John van Seters, Hyksos: A New Survey, pp. 23-31.

【80】蒲慕州，法老的國度，頁 160。

【81】Reid Ford, Donald B. Redford, Hyksos Invasion, “Eastern Culture” 39, 1970, pp. 40-48.

【82】Manfred Bietak, Bericht Iiber die Erste Grabungskampagne auf Tell Ed-Dab’a im Ostdelta Ägyptens im Sommer 1966, Bustan 1, pp. 20-25.

【83】在公元前十六世紀中葉，底比斯人開始起來反抗西克索法老們的統治，因爲他們的反抗鬥爭最後取得成功，所以不稱爲反叛。

【84】世界歷史編委會，古埃及，頁 68。

【85】Hans Geodiche, « Ein Geogreaphisches Unicum », Zeitschrift für Ägyptische und Altertumskunde 88, 1963, pp. 83-97.

【86】Cyril Aldred, Akhenaten, Pharaoh of Egypt, pp. 35-47.

【87】Torgny Säve-söderbergh, Nubian Kingdom in the Middle of The Second, Kush 4, 1956, pp. 54-61.

【88】Mohammed Hammud, Découverte d’Une Stèle du Roi Kamose, Chronique d’Égypte 30, 1955, pp. 198-208.

【89】Idem.

第六章　新王國

【1】吳岳添譯，古埃及探秘，頁 204。

【2】Jaroslar Černý, Egypt: From Ramses III’s Death to the End of The Twenty-First Dynasty, pp. 45-57.

【3】Shaw, Ian, The Oxford History of Ancient Egypt, 2000, p. 481.

【4】Christopher Bronk Ramsey , Radiocarbon-Based Chronology for Dynastic Egypt, Science 18 June, Vol. 328. no. 5985, 2010, pp. 1554-1557.

【5】Alan Gardiner, The Coronation of King Haremhab, Journal of Egyptian Archaeology, Vol. 39, 1953, pp. 13-31.

【6】Donald B. Redford, History and Chronology of the Eighteenth Dynasty of Egypt, pp. 55-65-68.

【7】Nicolas Grimal, A History of Ancient Egypt, pp. 271-284.

【8】Reid Ford, Chronology of The Eighteenth Dynasty of Egypt, Near East Studies, 25, 1966, pp. 113-124.

【9】R. Westbrook , A History of Ancient Near Eastern Law, pp. 290-359.

【10】Redmount, Carol A., Bitter Lives: Israel in and out of Egypt, pp. 89-90.

【11】在埃及這麼長的歷史中，像「改革」和「復興」這類的術語可以用於不止一個時期。由此，「復興」這個詞可以用於第十二王朝和第二十六王朝，也可以用於第二十王朝的末期和第二十一王朝的初期。行政上的改革時期與第十二王朝的阿美涅姆黑特一世和塞索斯托里斯三世、第十八王朝的荷倫希布、第九王朝的塞提一世、第二十五王朝依法對盜墓者進行處置時期的國王們以及第二十六王朝的阿梅西斯相聯繫。

【12】Hart, George (2nd ed. 2005). The Routledge Dictionary of Egyptian Gods and Goddesses. Routledge. p. 39.

【13】Rosalie David, Handbook to Life in Ancient Egypt, p.124.

【14】Montserrat, Dominic, Akhenaten: History, Fantasy and Ancient Egyp, p. 40.

【15】R. Westbrook, A History of Ancient Near Eastern Law, pp. 290-359.

【16】Idem.

【17】B. Porter, R.L.B. Moss, Topographical Bibliography of Ancient Egyptian Hieroglyphic Texts, Reliefs and Paintings: V. Upper Egypt Sites, pp. 124-135.

【18】Idem.

【19】Idem.

【20】Claire Lalouette, Mémoires de Thoutmôsis III, pp. 293-312.

【21】Ryholt, Kim S. B., The Political Situation in Egypt during the Second Intermediate Period, pp. 172-186.

【22】Clayton, Peter, Chronicle of the Pharaohs, pp. 100-116.

【23】Grimal, Nicolas, A History of Ancient Egypt, pp. 202-219.

【24】Marc Gabolde, « Aÿ, Toutânkhamon et Les Martelages de la Stèle de La Restauration de Karnak (CG 34183) », Bulletin de la

Société d'Égyptologie, n°11, 1987, pp. 37-61.

【25】Sir Alan Gardiner, Egypt of the Pharaohs, pp. 5-20.

【26】Trachtenberg, Marvin, Isabelle Hyman, Architecture, from Prehistory to Postmodernity, pp. 71-85.

【27】Dodson et Hilton, The Complete Royal Families of Ancient Egypt, pp. 126-128.

【28】Christiane Desroches Noblecourt, La femme au Temps des Pharaons, p. 130.

【29】Weigall, Arthur, A Guide to the Antiquities of Upper Egypt, pp. 133-137.

【30】Eric H.Cline, David O'Connor, Ramesses III: The Life and Times of Egypt's Last Hero, pp. 26-38.

【31】Breasted, James Henry. Ancient Records of Egypt, pp. 234-249.

【32】Charles F. Nims, Zeitschnift für Ägyptische Sprache und Altertumskunle 93, 1966, pp. 97-100.

【33】羅世平主編，古埃及和美索不達米亞美術，頁 80。

【34】B. J. Peterson, Hatchepsut, Chronique d'Égypte 42, 1967, pp. 266-268.

【35】W. S. Smith, Ponte land, Center for American Studies 1, 1962. pp. 59-61.

【36】Dodson Aidan, Dyan Hilton, The Complete Royal Families of Ancient Egypt, pp. 130-146.

【37】Joyce Tyldesley, Hatchepsut: The Female Pharaoh, pp. 99-112.

【38】Joyce Tyldesley, Hatchepsut: The Female Pharaoh, pp. 137-144.

【39】B. S. Lesko, Questions about Semut, Center for American Studies 6, 1967, pp. 113-118.

【40】Tyldesley, Hatchepsut, pp. 207-215.

【41】Kurt Heinrich Sethe, Urkunden der 18th. Dynastie, pp. 743-744.

【42】R. O. Faulkner, Battle of Megiddo, Egyptian Archaeology 28, 1942, pp. 2-15.

【43】Alan Henderson Gardiner, Egypt of the Pharaohs, pp. 444-456.

【44】Etienne Drioton, Jacques Vandier, l'Égypte, pp. 398-406.

【45】Claire Lalouette, Mémoires de Thoutmôsis III, pp. 295-313.

【46】Peter A. Clayton, Chronicle of The Pharaohs, pp. 31-46.

【47】Clayton, Peter. Chronicle of The Pharaohs, pp. 112-125.

【48】Idem.

【49】Betsy. M. Bryan, The 18th Dynasty before the Amarna Period, pp. 247-255.

【50】Idem.

【51】William Matthew Flinders Petrie, Memphis I, British School of Archaeology in Egypt and Egyptian Research Account, Fourteenth Year, 1908.

【52】Barry J. Kemp, Egypt: Anatomy of A Civilization, pp. 199-213.

【53】William L. Moran, The Amarna Letters, p. 93.

【54】Peter Clayton, Chronicle of the Pharaohs, pp. 113-114.

【55】Norman dee G. Davies, Rekhmire located in the Theban Tomb, pp. 55-67.

【56】Donald B. Redford. The Chronology of the Eighteenth Dynasty, Journal of Near Eastern Studies, Vol. 25, No. 2 (Apr., 1966), p. 119.

【57】Jürgen von Beckerath, Chronologie des Pharaonischen Ägypten. Philipp von Zabern, Mainz, 1997, p. 190.

【58】Shaw Ian, Nicholson Paul, The Dictionary of Ancient Egypt. p. 290.

【59】Wolfgang Helck, Eine Stele des Vize Königs Wr- t.t, Near East Studies 14, 1955, pp. 22-31.

【60】Charles C. Van Siclen. "Amenhotep II", pp.71-85.

【61】Ricardo Caminos, Berlin Papyrus, No. 10463, Egyptian Archaeology 49, 1963, pp. 29-37.

【62】Donald B. Redford. The Chronology of the Eighteenth Dynasty, Journal of Near Eastern Studies, Vol. 25, No. 2, 1966, pp. 119-128.

【63】Beckerath, Jürgen von, Chronologie des Pharaonischen Ägypten, pp. 190-105.

【64】Bryan Betsy. The Reign of Thutmose IV, pp. 4-20.

【65】Clayton, Peter. Chronicle of The Pharaohs, pp. 112-122.

【66】Kozloff Arielle、Bryan Betsy, Royal and Divine Statuary in Egypt's Dazzling Sun: Amenhotep III and His World, p.24, 57, 103, 104.

【67】Elmar Edel, Die Ortsnamenlisten aus dem Totentempel Amenophis Ⅲ , pp. 5-16.

【68】Troy Lana, Patterns of Queenship in Ancient Egyptian Myth and History. University of Uppsala, Uppsala Studies in Ancient Mediterranean and Near Eastern Civilizations 14, 1986, p.103, 107, 111.

【69】Clayton Peter, Chronicle of the Pharaohs, p.112.

【70】William Hayes, Internal Affairs from Thutmosis I to the Death of Amenophis III, p. 346.

【71】O'Connor, David & Cline, Eric. Amenhotep III: Perspectives on His Reign, p. 3.

【72】A. R. Schulmen, Amana Period, American Research Center 3, 1964, pp. 51-69.

【73】Troy Lana, Patterns of Queenship in Ancient Egyptian Myth and History, University of Uppsala, Uppsala Studies in Ancient Mediterranean and Near Eastern Civilizations 14, 1986, p. 103, 107, 111.

【74】Ross Barbara, Akhenaten and Rib Hadda from Byblos, Saudi Aramco World 50 (6), 1999, pp. 30-35.

【75】周谷城主編，古埃及文化求實，頁 83。

【76】Aidan Dodson, Dyan Hilton, The Complete Royal Families of Ancient Egypt, p. 154.

【77】Joyce A. Tyldesley, Egypt: How A Lost Civilization Was Rediscovered, p. 88.

【78】Robert William Rogers, Cuneiform Parallels to the Old Testament, p. 252.

【79】Dominic Montserrat, Akhenaten: History, Fantasy and Ancient Egypt, pp. 105-111.

【80】Athena Van der Perre, "Nofretetes (vorerst) letzte Dokumentierte Erwähnung," in: Im Licht von Amarna - 100 Jahre Fund der Nofretete. [Katalog zur Ausstellung Berlin, 07.12.2012 - 13.04.2013]. (December 7, 2012 - April 13, 2013) Petersberg, pp. 195-197.

【81】Barry J. Kemp, Ancient Egypt. Anatomy of A Civilization, pp. 77-84.

【82】Waterson Barbara, Amarna: Ancient Egypt's Age of Revolution, pp. 11-21.

【83】Michael E. Habicht, Nofretete und Echnaton. Das Geheimnis der Amarna-Mumien, pp. 27-36.

【84】Joyce Tyldesley, Nefertiti. Unlocking The Mystery Surrounding Egypt's Most Famous and Beautiful Queen, pp. 58-67

【85】Carola Wedel, Nofretete und das Geheimnis von Amarna, p. 37.

【86】Joann Fletcher, The Search for Nefertiti, The True Story of An Amazing Discovery, pp. 12-25.

【87】Redford Donald, Akhenaten: The Heretic King, pp. 36-47.

【88】Cyril Aldred, The End of The El-'Amārna Period, The Journal of Egyptian Archaeology, Vol. 43, 1957, pp. 30-41.

【89】Kemp, Barry, The City of Akhenaten and Nefertiti, Amarna and Its People, pp. 66-78.

【90】Christian Bayer, Ein Gott für Aegypten - Nofretete, Echnaton und der Sonnenkult von Amarna, pp. 12-19.

【91】Susan E. James, Who Is The Mummy The Elder Lady KMT, V. 12 no. 2, 2001.

【92】Hawass, Zahi et al. "Ancestry and Pathology in King Tutankhamun's Family" The Journal of The American Medical Association, 1989, pp. 640-641.

【93】Reeves, Nicholas, Akhenaten, Egypt's False Prophet, pp. 62-75.

【94】Dodson, Aidan, Amarna Sunset: Nefertiti, Tutankhamun, Ay, Horemheb, and The Egyptian Counter-Reformation, p. 170.

【95】晏紅譯，法老的復活，頁55。

【93】Dominic Montserrat, Akhenaten: History, Fantasy and Ancient Egypt, pp. 105-111.

【97】Aldred Cyril, Akhenaten: King of Egypt, pp. 77-81.

【98】Robert William Rogers, Cuneiform Parallels to The Old Testament, p .252.

【99】K.A Kitchen, On The Reliability of The Old Testament, p. 486.

【100】Marc Gabolde, Akhénaton: Du Mystère à la Lumière, p.128.

【101】Joyce A. Tyldesley, Egypt: How A Lost Civilization Was Rediscovered, pp. 89-92.

【102】Bickerstaffe, D., The Long Is Dead. How Long Lived The King in Kmt vol 22, n 2, 2010.

【103】吳岳添譯，古埃及探秘，頁 116。

【104】Carl Nicholas Reeves, Toutânkhamon; Le Roi, La Tombe, Le Trésor Royal, p. 224.

【105】Marc Gabolde, Aÿ, Toutânkhamon et Les Martelages de la Stèle de la Restauration de Karnak (CG 34183), Bulletin de la Société d'Égyptologie, n°11, 1987, pp. 37-61.

【106】Brandi Quilici, Toutankhamon, Secrets de Famille, Documentaire sur France 5, 2012.

【107】Jacques Freu, Šuppiluliuma et La Veuve du Pharaon, Histoire d'Un Mariage Manqué: Essai sur les Relations Égypto-Hittites, p. 205.

【108】覃東，木乃伊，頁 102。

【109】Reid Ford, History and Chronology of The Eighteenth Dynasty of Egypt, pp. 158-162.

【110】Carl Nicholas Reeves, Toutânkhamon; Le Roi, La Tombe, Le Trésor Royal, p. 224.

【111】周明佳譯，拉美西斯二世，頁 17。

【112】Kuhrt Amélie, The Ancient Near East, p. 188.

【113】Peter Clayton, Chronicle of The Pharaohs, p.140.

【114】Idem.

【115】E. P. Uphill, Ramses, Near Eastern Studies 28, 1969, pp. 15-39.

【116】J. von Beckerath, Chronologie des Äegyptischen Pharaonischen. Phillip von Zabern, 1997, p. 190.

【117】Peter J. Brand, The Monuments of Seti I: Epigraphic, Historical and Art Historical Analysis. Brill, 2000, p.308.

【118】Barry J. Kemp, Ancient Egypt. Anatomy of A Civilisation, p. 281.

【119】N. Grimal, A History of Ancient Egypt, p. 256.

【120】Shaw, Ian, The Oxford History of Ancient Egypt, p. 481.

【121】Christopher Bronk Ramsey , Radiocarbon-Based Chronology for Dynastic Egypt, Science 18 June, Vol. 328. no. 5985, 2010, pp. 1554-1557.

【122】Aidan Dodson, Dyan Hilton, The Complete Royal Families of Ancient Egypt, pp. 170-171.
【123】Alberge Dalya, Tomb Reveals Ancient Egypt's Humiliating Secret, p. 45.
【124】Adolf Er-man, Ancient Egyptians, pp. 32-41.
【125】Gustave leFebvre, Romans et Contes Égyptiens de l'Époque Pharaonique, p. 46.
【126】H. A. Gronewegen-Frankfort, Obstacles and Development, pp. 114-141.
【127】Redmount, Carol A.,Bitter Lives: Israel in and out of Egypt, pp. 89-90.
【128】Paul Barguet, Note sur Le Complexe Architectard de Sèti Ⅰ à Abydos, Kêmi 16, 1962, pp. 21-27.
【129】Richard Jasnow, New Kingdom, A History of Ancient Near Eastern Law, pp. 290-359.
【130】Elizabeth Frood, Biographical Texts from Ramesside Egypt, pp. 16-21.
【131】Gardner Wilkinson, Ramses II Battle of Kadesh Inscriptions, pp. 61-75.
【132】Claire Lalouette, Textes Sacrés et Textes Profanes de L'Ancienne Égypte, pp. 63-77.
【133】Kathryn A. Bard, Encyclopaedia of The Archaeology of Ancient Egypt, pp. 44-55.
【134】John A. Wilsan, Albrecht Goetze, And the Old Testament about The Ancient Near East Inscriptions, Princeton University Press, 1950, pp. 119-203.
【135】Donald B. Redford, The Oxford Encyclopaedia of Ancient Egypt, pp. 21-28.
【136】王曉焰，金字塔後面的世界，頁 79。
【137】孫錦全，夕陽下的金字塔，頁 78。
【138】Barry J. Kemp, Ancient Egypt: Anatomy of A Civilization, p. 75.
【139】Allan B. Lloyd. A Companion to Ancient Egypt, p. 46-51.
【140】Raymond Oliver Faulkner, Egyptian Military Organization, The Journal of Egyptian Archaeology, vol. 39, décembre, 1953, pp. 41-47.
【141】Christiane Ziegler, Pharaon, pp. 5-12.

【142】Jean-Claude Goyon, De L'Afrique à L'Orient: L'Égypte des Pharaons et Son Rôle Historique, pp. 65-74.
【143】Kenneth A. Kitchen, The Third Intermediate Period in Egypt (1100-650 BC), p. 531.
【144】Friedrich Abitz, Ramses III. in den Gräbern seiner Söhne, Orbis Biblicus et Orientalis 72, Universitätsverlag, Freiburg, 1986.
【145】Bonnet, Charles, The Nubian Pharaohs, pp. 142-154.
【146】Diop, Cheikh Anta, The African Origin of Civilization, pp. 219-221.
【147】Emberling, Geoff, Nubia: Ancient Kingdoms of Africa. New York, NY: Institute for the Study of the Ancient World, 2011, p. 10.
【148】Paul Barguet, Un Complot Contre Ramsès III, d'après Le Papyrus N ° 1875 de Turin, Les Papyri Lee I et II, et Le Papyrus Rollin, Centre Culturel de l'Ordre de La Rose-Croix, Paris, 1989.
【149】Mokhtar, General History of Africa, California, pp. 161-163.
【150】陳建民譯，近東古代史，頁 482。
【151】Emberling, Geoff, Nubia: Ancient Kingdoms of Africa. New York: Institute for the Study of the Ancient World, 2011, pp. 9-11.
【152】William F. Edgerton, Twenty-Nine Strikes Occurred in the Reign of Ramses III, Near East Studies, 1951, p. 10.
【153】A. de Buck,Turin Papyrus Codex; Egyptian Archaeology "23, 1937, pp. 152-164.
【154】Nimes, Pharaohs of Thebes, pp. 133-137.
【155】邱建一，古埃及藝術，頁 177。
【156】金壽福，法老，頁 304。
【157】Breasted, Ancient Records of Egypt, pp. 151-412.
【158】Claire Lalouette, Histoire de la Civilisation Pharaonique-L'Empire des Ramsès, pp. 41-55.
【159】K. Baer, Theoath Sdfs-tryt m Papyrus Lee, 1, 1; Egyptian Archaeology "50, 1964, pp. 179-180.
【160】Wilsons, Old Testament about the Ancient Near East Inscriptions, pp. 214-216.
【161】E. F. Wente, C. Van Siclen, A Chronology of the New Kingdom" in Studies in Honor of George R. Hughes, (SAOC 39), 1976, pp. 235 -261.

【162】Aidan Dodson, Dyan Hilton, The Complete Royal Families of Ancient Egypt, p. 191.

第七章　第三中間期、後期、外族統治

【1】Lorna Oakes, Pyramids, Temples and Tombs of Ancient Egypt, p. 216.

【2】Jaroslav černý, From The Death of Ramses III to The End of the Twenty-First Dynasty, "Cambridge Ancient Director (Amendment)," The first 27 volumes, Cambridge University Press, 1965.

【3】蒲慕州，法老的國度，頁278。

【4】Gardner, Egyptian pharaohs, pp. 305-314.

【5】Aidan Dodson, Dyan Hilton, The Complete Royal Families of Ancient Egypt, pp. 192-194.

【6】Eric Young, For The Twenty-First Dynasty of Chronology and Genealogy of Some of the Commentary, American Research Center 2, 1963, pp. 99-112.

【7】E. P. Uphill, Seth Festivals in Egypt, Near East Studies, 24, 1965, p. 365-383.

【8】E. P. Uphill, Seth Festivals in Egypt; Near East Studies, 26, 1967, pp. 61-62.

【9】Camille North, Chris Regarding Adoption Naituo Engraved Stone, Egyptian Archaeology, 1964, pp. 70-101.

【10】Helen K. Jacguet-Gordon, Osorkon, Osorkon in Name Only Thirty-Sixth Year Rule, Egyptian Archeology, 1963, p. 53.

【11】Wilson, And the Old Testament about The Ancient Near East Inscriptions, pp. 25-29.

【12】Aidan Dodson & Dyan Hilton, The Complete Royal Families of Ancient Egypt, pp. 200-201.

【13】Saro-slav černý, Ancient Egyptian Papyrus and Books, p. 22.

【14】Olivier Perdu, La Chefferie de Sébennytos de Piankhy à Psammétique Ier, Revue d'Égyptology 55, 2004, pp. 95-111.

【15】Jean Yoyotte, Les Principantés du Delta Temps de la Narchie Libyenne, fas c.4, Mélamges Maspero 1, Cairo: Institut Francais d'Archéologie Orientale, 1961, P. 121-181.

【16】Bonnet Charles, The Nubian Pharaohs, 2006, pp. 142-154.

【17】Ian Shaw, Paul Nicholson, The Dictionary of Ancient Egypt, p. 125.

【18】蒲慕州，法老的國度，頁 281。

【19】Török, László, The Kingdom of Kush: Handbook of the Napatan-Meroitic Civilization, 1998, p. 132.

【20】Idem.

【21】文從蘇譯，世界文明史－源流篇，頁 99。

【22】吳岳添，古埃及探秘，頁 205。

【23】蒲慕州，法老的國度，頁 282。

【24】Étienne Drioton, Jacques Vandier, L'Égypte, 4th rev, ed, "clio": Introduction aux Étades Historiques. Les Peuples de l'Orient Méditerranèen, p. 45-52.

【25】Aidan Dodson, Dyan Hilton, The Complete Royal Families of Ancient Egypt, pp.21-32.

【26】Kitchen, Kenneth A. The Third Intermediate Period in Egypt, 1100-650 B.C, pp. 55-68.

【27】Hérodote, L'Enquête, I. p. 105.

【28】Kitchen, Kenneth A., The Third Intermediate Period in Egypt, 1100-650 B.C, pp. 78-86.

【29】Peter Clayton, Chronicle of The Pharaohs, p.195.

【30】John Boardman , The Cambridge Ancient History, p.136.

【31】Budge, E. A. W., The mummy: Chapters on Egyptian Funereal Archaeology, 1894, p. 56.

【32】Marie-Nicolas Bouillet et Alexis Chassang, Nékao II, dans Dictionnaire Universel d'Histoire et de Géographie, 1878.

【33】Edwin Thiele, The Mysterious Numbers of The Hebrew Kings, pp. 72-86.

【34】Budge, E. A. W., A history of Egypt from the End of the Neolithic Period to the Death of Cleopatra VII, B.C. 30, p. 218.

【35】Maria Brosius, Women in Ancient Persia, 559-331 BC, pp. 63-76.

【36】Alan B. Lloyd, Necho and The Red Sea: Some Considerations", Journal of Egyptian Archaeology, 63, 1977, pp. 5-24.

【37】Christian Settipani, Nos Ancêtres de l'Antiquité, p. 153.
【38】William Matthew, A History of Egypt, from The XIXth to the XXXth Dynasties, p. 336.
【39】Henry Smith Williams, The Historians' History of the World: Prolegomena; Egypt, Mesopotamia, p. 183.
【40】J. Cook, The Rise of the Achæmenids and Establishment of Their Empire, Cambridge History of Iran, n II, 1985, pp. 200-291.
【41】J. G. Honoré Greppo, Essay on The Hieroglyphic System of M. Champollion, Jun., and on the Advantages Which It Offers to Sacred Criticism, p. 128.
【42】Donald B. Redford, Egypt, Canaan, and Israel in Ancient Times, p. 447.
【43】J. D. Coonèy, Portrait of An Egyptian Collaborationist, Brooklyn Museum Newsletter, 15, 1953, pp. 1-16.
【44】Peter Clayton, Chronicle of The Pharaohs: The Reign-by-Reign Record of the Rulers and Dynasties of Ancient Egypt, p. 64.
【45】Peter Clayton, Chronicle of the Pharaohs, p. 195.
【46】Betrò, Maria Carmela, Hieroglyphics: The Writings of Ancient Egypt, 1996, pp. 34-39.
【47】M. J. Cary, The Ancient Explorers, p. 114.
【48】吳岳添，古埃及探秘，頁 206。
【49】孫錦全主編，夕陽下的金字塔，頁 55。
【50】Yarshater, Ehsan, The Cambridge History of Iran, 1993, p. 482.
【51】Georges Posener, La Première Domination Perse en Égypte, Bibliothèque d'Étude, vol.11, Cairo: Institut Franqis d'Archèologie Orientale, 1936.
【52】Boiy, T, Late Achaemenid and Hellenistic Babylon, p. 101.
【53】Bezalel Porten, Life of A Jewish Colonists, pp. 16-25.
【54】Pierre Briant, Amélie Kuhrt, Alexander The Great and His Empire: A Short Introduction, p. 183.
【55】A. Lemaire, La Fin de La Première Période Perse en Égypte et la Chronologie Judéene vers 400 av. J.-C, pp. 51-61.
【56】Will Durant, Our Oriental Heritage, p. 382.

【57】Peter Levi, The Greek World, p. 182.

【58】Will Durant, Our Oriental Heritage, p. 385.

【59】Grabbe, Lester L., A History of The Jews and Judaism in the Second Temple Period, p. 323.

【60】蒲慕州，法老的國度，台北：麥田出版社，頁 284。

【61】Sekunda Nick; Nicholas V. Sekunda, Simon Chew, The Persian Army 560-330 BC: 560-330 BC, p. 28.

【62】Elizabeth Donnelly Carney, Olympias: Mother of Alexander The Great, pp. 24-25.

【63】Lewis, Naphtali, Greeks in Ptolemaic Egypt: Case Studies in The Social History of the Hellenistic World, pp. 5-21.

【64】Harold Alfred MacMichael, A History of the Arabs in the Sudan: The Inhabitants of the Northern Sudan before the Time of the Islamic Invasions, p. 7.

【65】Grabbe, L. L., A History of The Jews and Judaism in the Second Temple Period, pp. 27-36.

主要參考書目

一、外文部分

1. 專書

Adolf Erman, The Ancient Egyptians, New York: Harper and Row, 1966.
Adolf Ermun, Ancient Egyptians, Their Writing Jicui, New York: La Roy Press, 1966.
A. G. McDowell, Village Life in Ancient Egypt: laundry lists and Love Songs, Oxford: Oxford University Press, 1999.
Aidan Dodson, The Complete Royal Families of Ancient Egypt, London: The American University in Cairo Press, 2004.
Aidan Dodson, Monarchs of the Nile, London: American University in Cairo Press, 2000.
Akhenaten, Egypt's False Prophet, London: Thames and Hudson, 2001.
Alan H. Gardiner, The Royal Canon of Turin, Oxford: Griffith Institute of Oxford, 1997.
Alan H. Gardiner, Turing Royal Canon, Oxford: Griffith Institute, 1959.
Alan H. Gardiner, Egyptian Pharaohs, Oxford: Oxford University Press, 1961.
Alan H. Gardiner, Egyptian Grammar, Oxford: Oxford University Press, 1957.
Alan K. Bowman, Egypt After the Pharaohs, Oxford: Oxford University Press, 1990.
Allan B. Lloyd, A Companion to Ancient Egypt, Oxford: Oxford University, 2010.
Alexander Badawy, A History of Egyptian Architecture, Berkeley: University of California Press, 1968.
Alexandre Piankoff, Egyptian Religious Inscriptions and Art, Princeton University Press, 1968.

Alfred, Cyril. Akhenaten, King of Egypt, London: Thames and Hudson, 1988.

Aude Gros de Beler, Jean-Claude Golvin, Guide de l'Égypte Ancienne, Paris: Actes Sud Errance, 2002.

Aude Gros de Beler, La Mythologie Egyptienne, Paris: Molière, 1998.

Auguste Mariette, Les Mastabas de l'Ancien Empire, Paris: F Vieweg, 1889.

Ascal Vernus, Sagesses de l'Égypte Pharaonique, Paris: Imprimerie Nationale Éditions, 2001.

Bard, Katherine A., Encyclopedia of the Archaeology of Ancient Egypt, New York and London: Routledge, 1999.

Barry Kemp, Ancient Egypt: Anatomy of a Civilization, Londres: Routledge, 1989.

Béatrix Midant-Reynes, Aux Origines de l'Égypte, Du Néolithique à l'Emergence de l'État, Paris, Fayard, 2003.

Beckerath, Jürgen von, Chronologie des Pharaonischen Ägypten, Mainz: Philipp von Zabern, 1997.

Betrò, Maria Carmela, Hieroglyphics: The Writings of Ancient Egypt, New York: Abbeville Press, 1996.

Betsy. M. Bryan, The 18th Dynasty before the Amarna Period dans: Ian Shaw, The Oxford History of Ancient Egypt, Oxford: Oxford University Press, 2003.

B. Porter and R. L. B. Moss, Topographical Bibliography of Ancient Egyptian Hieroglyphic Texts, Reliefs and Paintings: V. Upper Egypt Sites, Oxford: Griffith Institute, 2004.

Bruce G. Trigyer, Beyond History: The History of the Early Research Method, New York: Holt, Rinenart and Winston, 1968.

Breasted, James Henry, Ancient Records of Egypt, Chicago: Chicago University Press, 1906..

Breasted, James Henry, Ancient Records of Egypt: Vol. I, The First to the Seventeenth Dynasties, Vol. II, The Eighteenth Dynasty, New York: Russell and Russell, 1962.

Brewer, Douglas J., Egypt and the Egyptians, Cambridge: Cambridge University Press, 2007.

Budge, E. A. W., A History of Egypt from the end of the Neolithic Period to the Death of Cleopatra VII, BC 30, London: K. Paul, Trench Trübner, 1904.

Budge, E. A. W., The Mummy: Chapters on Egyptian Funereal Archaeology, Cambridge: Cambridge University Press, 1894.

Bryan, Betsy, The Reign of Thutmose IV., Baltimore: The Johns Hopkins University Press, 1991.

Bonnet, Charles The Nubian Pharaohs, New York: The American University in Cairo Press, 2006.

Breasted, James Henry, Ancient Records of Egypt, Chicago: Chicago University Press 1960.

Bezalel Porten, Life of a Jewish Colonists, Berkeley and Los Angeles: California University Press, 1968.

Boiy, T., Late Achaemenid and Hellenistic Babylon, New York: Peeters Publishers, 2004.

Breasted, Ancient Records of Egypt, Chicago: Chicago University Press, 1906.

Carl Nicholas Reeves, Toutânkhamon, Le Roi, La Tombe, Le Trésor Royal, Paris: Belfond, 1991.

Carl Roebuck, The World of Ancient Times, New York, Charles Scribner's Sons, 1966.

Carola Wedel, Nofretete und das Geheimnis von Amarna, Mainz am Rhein: Philipp von Zabern, 2005.

Charles F. Nims, Zeitschnift für Ägyptische Sprache und Altertumskunl, Berlin: Akademieverlag, 1966.

Christiane Desroches Noblecourt, Le Patrimoine de l'Égypte Ancienne, Paris: Publication Edhasa, 2006.

Christiane Desroches Noblecourt, La Femme au Temps des Pharaons, Paris: Stock, 1986.

Christian Settipani, Nos Ancêtres de l'Antiquité. Paris: Editions Christian, 1991.

Christine Hobson, Exploring the World of the Pharaohs, London: Thames and Hudson, 1997.

Claire Lalouette, Au Royaume d'Égypte: Le Temps des Rois-dieux, Paris: Fayard, 1991.

Claire Lalouette, Mémoires de Thoutmôsis III, Paris: Calmann-Lévy, 1997.

Claire Lalouette, Histoire de la Civilisation Pharaonique, L'Empire des Ramsès, Paris: Fayard, 1985.

Claire Lalouette, Textes Sacrés et Textes Profanes de l'Ancienne Égypte, Paris: Calmann-Lévy, 1984.

Claude Carrier, Textes des Pyramides de l'Égypte Ancienne, Paris: Cybèle, 2009.

Claude Cetekk, Nous Avons Bâti les Pyramides, Paris: Interlivres, 1988.

Claude Vandersleyen, L'Égypte et la Vallée du Nil, Paris: Presses Universitaires de France, 1995.

Clayton, Peter, Chronicle of the Pharaohs, London: Thames and Hudson, 2006.

Cyril Aldred, Akhenaten, King of Egypt, Londres, Thames and Hudson, 1988.

Cyril Aldred, Akhenaten, Pharaoh of Egypt, London: Thames and Hudson, 1968.

David A. Warburton, Ancient Egyptian Chronology, Boston: Leyde, 2006.

Dictionnaire de l'Antiquité, sous la Direction Jean Leclant, Paris: PUF, 2005.

Dimitri Laboury, L'Égypte Pharaonique, Paris: Le Cavalier Bleu, 2001.

Diop, Cheikh Anta, The African Origin of Civilization, Chicago: Lawrence Hill Books, 1974.

Dodson et Hilton, The Complete Royal Families of Ancient Egypt, London: Thames and Hudson, 2004.

Dodson, Aidan, Amarna Sunset: Nefertiti, Tutankhamun, Ay, Horemheb, and the Egyptian Counter-Reformation, The American University in Cairo, 2009.

Dominic Montserrat, Akhenaten: History, Fantasy and Ancient Egypt, New York: Psychology, 2003.

Dominique Valbelle, Histoire de l'État pharaonique, Paris: Thémis Histoire, Presses Universitaires de France, 1998.

Donald B. Redford, The Oxford Encyclopaedia of Ancient Egypt, New York, 2001

Donald B. Redford, Egypt, Canaan and Israel in Ancient Times, Princeton: Princeton University Press, 1992.

Donald B. Redford, History and chronology of the Eighteenth Dynasty of Egypt, Toronto: University of Toronto Press, 1967.

Eberhard Otto, Ägypten, Der Weg des Pharaonenreiches, Stuttgart: W. Kohlhammer, 1953.

E. Brunner-Traut, Altägyptische Märechen, Dusseldorf-köln: Eugen Diederichs Verlag, 1963.

Edwards, The Early Dynastic Egyptian era, Cambridge Ancient History, Section25, Cambridge: Cambridge University Press, 1964..

Edwards, The Cambridge Ancient History: Early History of the Middle East, Cambridge University Press, 1971.

Edwin Thiele, The Mysterious Numbers of the Hebrew Kings, New York: Macmillan, 1951.

Elise J. Baumgartel, Scorpion and Roses, Zeitschrift für Ägyptische Sprache und Altertumskunde 93, 1966.

Elizabeth Donnelly Carney, Olympias: Mother of Alexander the Great, New York, 2006.

El. Shabrawy, Gamal M., Henri J. Dumont, The Toshka Lakes, In The Nile, New York, Springer, 2009.

Elmar Edel, Ägyptologische Stadien, ed. O. Firchow, Berlin: Akademie Verlag, 1955.

Emory, ancient Egyptian era, Baltimore: Penguin Books, 1961.

Eric H. Cline, David O'Connor, Ramesses III: The Life and Times of Egypt's last hero, Michigan: Michigan University Press, 2012..

Erik Hornung, Geschichte als Fest, Darmstadt: Wissenschaftliche Buchgesellschaft, 1966.

Erik Hornung, Untersuchngen zur Chronlogie und Geschichte des Neuen Reicher, Wiesbaden: Otto Harrassowitz, 1964.

Erik Hornung, Les Dieux de l'Égypte. Le Un et le Multiple, Paris: Le Rocher, 1986.

Étienne Drioton, Jacques Vandier, L'Égypte: Introduction aux Étades historiques. Les Peuples de l'Orient Méditerranèen, vol.2, Paris: Presses Universitaires de France, 1962.

Florence Maruéjol, Chronique des pharaons, L'Histoire Règne par Règne des Souverains et des Dynasties de l'Égypte Ancienne, Paris: Casterman, 1994.

François Xavier, Thierry Enel, La Bible de Pierre, Robert Laffont, 1990.

Frank Ford, Before Generated in Philosophy, Baltimore: Penguin, Publishing, 1946.

Friedrich AbitzM Ramses III. in den Gräbern Seiner Söhne, Orbis Biblicus et Orientalis 72, Universitätsverlag, Freiburg, 1986.

Gae Callender, The Middle Kingdom Renaissance, The Oxford History of Ancient Egypt, Oxford: Oxford University Press, 2000,

Gardner Alan Henderson, Egyptian pharaohs, Oxford: Oxford University Press, 1961.

Gardiner, Alan Henderson, Davies's Copy of the Great Speos Artemidos Inscription, Journal of Egyptian Archaeology 32, 1946,

Gardner Wilkinson, Ramses II Battle ofof Kadesh Inscriptions, Oxford: Oxford University Press, 1960.

Georges Goyon, Le Secret des Bâtisseurs des Grandes Pyramides, Paris: Pygmalion, 1990.

Georges Posener, Littérature et Politique dans el Égypte de la XII' Dynastie, Paris: Librairie Ancienne Honoré Champiom, 1956.

G. Cantu, Le Mystère des Pyramides, Paris: De Veccchi, 1977.

Gilles Dormion, J. P. Goidin, Les Nouveaux Mystères de la Grande pyramide Paris: Albin Michel, 1987.

Gilles Dormion, La Pyramide de Chéops: Architecture des Appartements Funéraires, Paris: Dormion, 1996

Grabbe, Lester, A History of the Jews and Judaism in the Second Temple Period, London, Continuum International Publishing Group, 2004.

Griffiths, J. Gwyn, Allegory in Greece and Egypt, London: Egypt Exploration Society, 1967.

Grimal, Nicolas. A History of Ancient Egypt, Paris: Librairie Arthéme Fayard, 1988.

Guillemette Andreu, Les Égyptiens au Temps des Pharaons, Paris: Hachette, 1997.

Gustave Lefebvre, Romans et Contes Égyptiens de l'Époque Pharaonique, Paris: Adrien-Maisonneuve, 1949.

Gustave Lefebvre, Égyptiens de l'époque Pharaonique, Paris: Adrien-Maisonneure, 1949,

Hans Goedicke, Königiche Documente aus den Alten Reid, Weisbaden: Otto Harrassowitz, 1967.

Harold Alfred MacMichael, A History of the Arabs in the Sudan: The Inhabitants of the Northern Sudan before the Time of the Islamic Invasions, The Progress of the Arab Tribes Through Egypt, The Arab Tribes of the Sudan at the Present day, Cambridge: Cambridge University Press, 1922.

Hart, George, The Routledge Dictionary of Egyptian Gods and Goddesses, London: Taylor and Francis, 2005.

Hayes, The Late in the kingdom a Roll Cursive, New York: Brooklyn Museum, 1955.

H. E. Winlock, Ancient Egyptian Daily Life, Cambridge: Harvard University Press, 1955..

Henry Chadwick, The Church in Ancient Society, Oxford: Oxford University Press, 2001.

H. A. Gronewegen-Framkfort, Obstacles and Development, London: Faber Press, 1951.

Henri Frankfort, The Birth of Civilization in the Near East Area, London: Benn, 1951.

Henry Smith Williams, The Historians' History of the World: Prolegomena, Egypt, Mesopotamia, Americana: Harvard university Press, 1907.

Herbert, Ricke, Bermerkungen zur Agyptischen Baukunst des Alten Reichs, Leipzig: Kairo, 1950.

Ian Shaw, Paul Nicholson, The Dictionary of Ancient Egypt, New York: British Museum Press, 1995.

I. E. S. Edwards, Egyptian Pyramids, London: Penguin Publishing, 1961.

Ikram, Salima, Divine Creatures: Animal Mummies in Ancient Egypt, New York: The American University in Cairo Press, 2005.

Iorwerth Eiddon Stephen Edwards, Les pyramides d'Égypte, Paris: Le Livre de Poche, 1967.

J. Baines et Jaromir Málek, Atlas of Ancient Egypt, Oxford: Oxford University Press, 1980.

J. E. Quibell, Hierakonpolis ...: Plates of Discoveries in 1898, Michigan: B. Quaritch, 1902.

J. G. Honoré Greppo, Essay on the Hieroglyphic System, Boston: Perkins and Marvin, 1830.

J. H. Breasted, Ancient records of Egypt, historical Documents from Earliest Times to the Persian Conquest, Chicago: University of Chicago Press, 1906.

Jacques Freu, Šuppiluliuma et la Veuve du Pharaon, Histoire d'un Mariage Manqué: Essai sur les Relations Égypto-hittites, Paris: L'Harmattan, 2005.

Jacques Pirenne, Histoire de la Civilisation de l'Égypte Ancienne, Neuchâtel: la Baconnière, 1961.

James Baikie, A history of Egypt from the Earliest Times to the end of the XVIIIth Dynasty, London: Black, limited, 1929.

James Henry Breasted, Histoire de l'Égypte Ancienne, Paris: Fayard, 1988.

James Henry Breasted, History of Egypt, New York: Charles, 1905.

James P. Allen, The Ancient Egyptian Pyramid Texts, Atlanta, Society of Biblical Literature, 2005.

James P. Allen, Middle Egyptian: An Introduction to the Language and Culture of Hieroglyphs, Cambridge: Cambridge University Press, 2000.

Jaroslar Černý, Ancient Egyptian Papyrus and Books, London: Lewis Publishers, 1947.

Jaroslar Černý, Ancient Egyptian Religion, London: London University Press, 1952.

Jaroslar Černý, Egypt: From Ramses III's Death to the end of the Twenty-first Dynasty, Cambridge: Cambridge History press, 1965.

Jaroslar Černý, From the Death of Ramses III to the end of the Twenty-first Dynasty, Cambridge: Cambridge University Press, 1965.

Jean-Claude Goyon, De l'Afrique à l'Orient: L'Égypte des Pharaons et son Rôle Historique (1800-330 avant notre ère), Paris: Ellipses, 2005.

Jean-Louis Podvin, L'Égypte Ancienne, Paris: Ellipses, 2009.

Jean-Marie Brunier, La Stèle Histoire de la Colonie Juive d'Égypte, Toulouse: Athor Éditions, 2011.

Jean-Philippe Lauer, Le Mystère des Pyramides, Paris: Presses de la Cité, 1988.

Jean-Pierre Adam and Christiane Ziegler, Les Pyramides d'Égypte, Paris: Hachette, 1999.

Jean Vercoutter, L'Égypte ancienne, Paris: Presses Universitaires de France, 2001.

Jean Yoyotte, le Voyage en Égypte, Un Regard Romain, New York: Nil, 1997.

Joann Fletcher, The Search For Nefertiti. New York: HarperCollins, 2004.

John A. Wilson, Ancient Egyptian Culture, Chicago: University of Chicago Press, 1951.

John A. Wilson, Old Testament about the Ancient Near East Inscriptions Excerpts, Princeton University Press, 1950.

John van Seters, Hyksos: a New Survey, New Haven: Yale University Press, 1966.

Joyce A. Tyldesley, Egypt: How a Lost Civilization was Rediscovered, California: California University, 2005.

Joyce A. Tyldesley, Ramesses: Egypt's Greatest Pharaoh, Harmondsworth, London: Penguin, 2001.

Joyce Tyldesley, Hatchepsut: The Female Pharaoh, London: Penguin Books, 1998.

Joyce Tyldesley, Nefertiti, BeautifulQueen, London: Penguin Books, London, 1998.

Juan Carlos Moreno Garcia, Egipto en el Imperio Antiguo (2650–2150 antes de Cristo), Barcelone, Edicions Bellaterra, 2004.

Jules B. Billard, Ancient Egypt: Discovering its Splendors, Washington D.C.: National Geographic Society, 1978.

Jump up Peter Clayton, Chronicle of the Pharaohs, New York: Thames and Hudson, 1994.

Jürgen von Beckerath, Untersuchungen zur Politischen Geschichte der Zweiten Zwischenzeit in Agypten, Gluckstadt: J. J. Augustin, 1965.

Jürgen von Beckerath, Chronologie des Pharaonischen Ägypten, Mainz: Philipp von Zabern, 1997.

Kathryn A. Bard, Encyclopaedia of the Archaeology of Ancient Egypt, Londres: Routledge, 1999.

Kathryn A. Bard, An Introduction to the Archaeology of Ancient Egypt, Malden: Blackwell, 2008.

K. A. Kitchen, On the Reliability of the Old Testament, Michigan: Wm. B. Eerdmans Publishing, 2003.

K. Baer, Theoath Sdfs-trytm Papyrus Lee, 1, 1, Egyptian Archaeology 50, 1964.

K. S. B. Ryholt, Hotepibre, a Supposed Asiatic King in Egypt with Relations to Ebla, Bulletin of the American Schools of Oriental Research, No. 311 Aug., 1998.

Kemp, Barry, The City of Akhenaten and Nefertiti, Amarna and its People, London: Thames and Hudson, 2012.

Kenneth A. Kitchen, The Third Intermediate Period in Egypt (1100–650 BC), Michigan: Liverpool University Press, 1986.

Kim S. B. Ryholt, The Political Situation in Egypt during the Second Intermediate Period, c.1800-1550 BC, Copenhagen: Museum Tusculanum Press, 1997.

Kinnaer, Jacques, Early Dynastic Period, The Ancient Egypt Site, Retrieved 4, April, 2012.

Kozloff, Arielle & Bryan, Betsy. Royal and Divine Statuary in Egypt's Dazzling Sun: Amenhotep III and his World, Indiana: Cleveland, 1992.

Kuhrt, Amélie, The Ancient Near East. London: Routledge, 1997.

Kurt Heinrich Sethe, Urkunden des Alten Reich, Leipzig: Hinrichs'sche Buchhandlung, 1903.

Leonard H. Lesko, Pharaoh's Workers: The Villagers of Deir El Medina, Cornell University Press, 1994.

Lewis, Naphtali, Greeks in Ptolemaic Egypt: Case Studies in the Social History of the Hellenistic World, Oxford: Clarendon Press.

Lipschits, Oded Garry N. Knoppers, Rainer Albertz, Judah and the Judeans in the Fourth Century B.C. E., Indiana: Eisenbrauns, 2007.

Lorna Oakes, Pyramids, Temples and Tombs of Ancient Egypt, London: Hermes House, 2003.

Ludlow Bull, The History of the Ancient Near East concepts, Robert Dantan, New Haven: Yale University Press.

Lynn Meskell, Object Worlds in Ancient Egypt: Material Biographies Past and Present (Materializing Culture), Oxford: Berg Publishers, 2004.

Magi, Giovanna, Saqqara: The Pyramid, The Mastabas and the Archaeological Site, Florence: Casa Editrice Bonechi, 2006.

Marc Gabolde, Akhénaton. Du Mystère à la Lumière, Paris: Gallimard, 2005.

Marc Gabolde, Aÿ, Toutânkhamon et les Martelages de la Stèle de la Restauration de Karnak (CG 34183), Bulletin de la Société d'Égyptologie, n 11, 1987.

Marc Gabolde, Akhénaton. Du Mystère à la Lumière, Paris: Gallimard, 2005.

Maria Brosius, Women in Ancient Persia, 559-331 B.C., Oxford, Clarendon Press, 1998.

Marvin Trachtenberg, Isabelle Hyman, Architecture, from Prehistory to Postmodernity, Italy: Prentice-Hall, 2003.

M. D. Coogan, The Oxford History of the Biblical World, New York: Oxford University Press, 1998.

M. I. Aly: Mitteilungen des Archäologischen Instituts Kairo 54, S. 219-222, 1998.

Michel Dessoudeix, Chronique de l'Égypte Ancienne, Paris: Actes Sud, 2008.

Michel Baud, Djoser et la IIIedynastie, Paris: Pygmalion, 2002.

Michel Baud, The Old Kingdom, Oxford: Blackwell, 2010.

Michael D. Coogan, The Oxford History of the Biblical World, New york: Oxford University Press, 1998.

Michael E. Habicht, Nofretete und Echnaton. Das Geheimnis der Amarna-Mumien, Leipzig: Koehler, Amelang, 2011.

Miroslav Verner, Die Pyramiden, Prag: Rowohlt, 1997.

Miriam Lichtheim, Ancient Egyptian Literature, Los Angeles: California University Press, 1980.

Mokhtar, G. General History of Africa. California, USA: California University Press, 1990.

Montserrat, Dominic, Akhenaten: History, Fantasy and Ancient Egyp, London: Routledge, 2002.

M. J. Cary, e Ancient Explorers, London: Penguin Books, 1963.

Nicolas Grimal, A History of Ancient Egypt, Oxford: Blackwell Books, 1992.

Nigel C. Strudwick, Texts from the Pyramid Age, (Writings from the Ancient World Atlanta), New York: Society of Biblical Literature, 2005.

Otto Muck, Chéops et la Grande Pyramide, Paris: Payot, 1961.

O'Connor David, Cline H. Eric, Amenhotep III: Perspectives on His Reign, Michigan: Michigan University Press, 1998.

Pascal Vernus, Quelques Examples du Type du 'Parrenu' dans Iégypte Ancienne, Bulletin de le Société Française d'Égyptologie 59, 1970.

Pascal Vernus, Jean Yoyotte, Dictionnaire des Pharaons, Paris: Perrin, 2004.

Paul Barguet, Le Livre des Morts des Anciens Égyptiens, Paris: Éditions du Cerf, 1967.

Peter A. Clayton, Chronicle of the Pharaohs, New York: Thames and Hudson, 1994.

Peter J. Brand, The Monuments of Seti I: Epigraphic, Historical and Art Historical Analysis, Toronto: Brill, 2000.

P. Posener-Kriéger, Abu Silvio Papyrus, London: The British Museum, 1968.

Porter and Moss, Topographical Bibliography of Ancient Egyptian Hieroglyphic Texts, Reliefs, and Paintings; Part III; Oxford: Oxford at the Clarendon Press, 1974.

Pierre Montet, La Vie Quotidienne en Égypte au Temps des Ramsès-1300 à -1100, Paris: Hachette, 1988.

Pierre Briant, Amélie Kuhrt, Amélie Kuhrt, Alexander the Great and His Empire: A Short Introduction, Princeton University Press, 2010.

Ricardo Caminos, Egypt Late Stage Miscellany, Oxford : Oxford University Press, 1954.

Robert W. Enrich, Ancient World Archaeology, Chicago: Chicago University Press, 1965.

Rosalie David, Handbook to Life in Ancient Egypt, New York: Oxford University Press, 1998.

Redford B. Donald, Akhenaten: The Heretic King, Princeton University Press, 1984.

R. B. Parkinson, The Tale of sinuhe and other Ancient Egyptian Poems, Oxford: Oxford University Press, 1999.

Richard Jasnow, New Kingdom, A History of Ancient Near Eastern Law, Boston: Leyde, 2003.

Ryholt, Kim SB, The Political Situation in Egypt during the Second Intermediate Period Carsten Niebuhr Institute Publications, Copenhagen: Museum Tusculanum Press, 1997.

Redford, Donald B., History and Chronology of the 18th Dynasty of Egypt, Seven Studies, Toronto: Toronto University Press, 1967.

Robert William Rogers, Cuneiform parallels to the Old Testament, New York: Eaton and Mains, 1912.

Romer, John, The Lost Dynasty, A History of Ancient Egypt, London: Penguin Books, 2013.

Shaw, Ian, The Oxford History of Ancient Egypt, Oxford: Oxford University Press, 2000.

Shaw, Ian, The Dictionary of Ancient Egypt, London: The British Museum Press, 1995.

Sekunda Nicholas, The Persian Army 560–330 BC, Oxford: Osprey Publishing, 1992.

Siliotti, Alberto, The Discovery of Ancient Egypt, New Jersey: Book Sales, 1998.

Sir Alan Gardiner, Egypt of the Pharaohs, Oxford: Oxford University Press, 1964.

Sophie Desplancques, L'Égypte Ancienne, Paris: Presses Universitaires de France, 2010.

T. G. H. James, The Early Literature Middle Kingdom, New York: Metropolitan Museum of Art, 1962.

Thomas Schneider, Lexikon der Pharaonen, Zuürich: Artemis, 1994.

Toby A. H. Wilkinson, Early Dynastic Egypt, New York: Taylor, Francis, 2002.

Török László, The Kingdom of Kush: Handbook of the Napatan-Meroitic Civilization, Leiden: Brill, 1998.

Tyldesley Joyce, Hatchepsut: The Female Pharaoh, London: Penguin Books, 1996.

Waterson, Barbara, Amarna: Ancient Egypt's Age of Revolution, Michigan: Tempus, 2002.

Weigall, Arthur, A Guide to the Antiquities of Upper Egypt, London: Mentheun, 1910.

Werner Kaiser, Einige Bemer-Kungen zur Ägyptischen Frühzeit, Zeitschrift für Agyptische Sprache und Alter Tumskunde 86, 1961.

William C. Hayes, Ancient Egypt, Chicago: Chicago University Press, 1964.

William C. Hayes, Egyptian Middle Kingdom, Cambridge Ancient History, Cambridge: Cambridge University Press, 1961.

W. Grajetzki, The Middle Kingdom of Ancient Egypt: History, Archaeology and Society, London: Duckworth, 2006.

William Gillian Waddell, Manetho, London: W., Heinemann, 1940.

William L. Moran, The Amarna Letters, Baltimore: Johns Hopkins University Press, 1992.

William Matthew Flinders Petrie, A History of Egypt, from the XIXth to the XXXth Dynasties, New York: Methuen, 1905.

William Stevenson Smith's, Egyptian Old Kingdom and First Intermediate Period Beginning, Cambridge Ancient History, Volume 5, University Press, 1962.

William Stevenson Smith, Egyptian of Ancient Art Architecture, Baltimore: Penguin Books, 1965.

Wilson, And the Old Testament about the Ancient Near East inscriptions, New Jersey: Princeton University Press, 1950.

Wolfgang Helck, Untersuchungen Zu Manetho und den Ägyptischen Königslisten, Berlin: Akademie Verlag, 1956.

Wolfgang Helck, Geschichte des alten Ägypten, Leiden : Brill, 1981.

Wolfgang Helck, Untersuchungen zur Thinitenzeit, Ägyptologische Abhandlungen Volume 45, Wiesbaden: Harrassowitz, 1987.

Yarshater, Ehsan, The Cambridge History of Iran, Cambridge University Press, 1993.

2. 論文

Adolf Klasons, Une Révolution Sociale dans l'Égypte Ancienne, Etades et Travaux, vol.2, Travaux du Centre à Archéologie Mediterranéenne de L'Académie Polonaise des Sciences 6, 1968.

Alan B. Lloyd, Necho and the Red Sea, Some Considerations, Journal of Egyptian Archaeology, 63, 1977.

Alan Gardiner, The Coronation of King Haremhab, Journal of Egyptian Archaeology, vol. 39, 1953.

Allen, Thomas George, The Book of the Dead or Going Forth by Day. Ideas of the Ancient Egyptians Concerning the Hereafter as Expressed in Their Own Terms, SAOC vol. 37, Chicago: University of Chicago Press, 1974.

A. W. Lawrance, Ancient Egyptian Defenses, 51, Egyptian Archaeology, 51, 1956.

Athena Van der Perre, Nofretetes (vorerst) Letzte Dokumentierte Erwähnung, in: Im Licht von Amarna - 100 Jahre Fund der Nofretete. Katalog zur Ausstellung Berlin, 2012.

A. R. Schulmen, Amana Period, American Research Center 3, 1964.

A. de Buck, Turin Papyrus Codex, Egyptian Archaeology, 23, 1937.

A. Lemaire, La Fin de la Première Période Perse in Égypte et la Chronologie Judéene vers 400 av. J.-C., Transeuphratène 9, 1995.

Armin Wirsching, Die Pyramiden von Giza, Mathematik in Stein Gebaut: Stationen der Sonne auf Ihrem Lauf Durch das Jahr, Verlag Books on Demand, Norderstedt 2, Erweiterte Auflage, 2009.

Barbara Bell, Egypt's First Dark Period, American Archaeology 75, 1971.

Bard, Kathryn A, The Emergence of the Egyptian State, In Shaw, Ian, The Oxford History of Ancient Egypt (Paperback) (1st ed.), Chapter 4, Oxford: Oxford University Press, 2002.

Barry John Kemp, The Osiris Temple at Abydos, MDAIK, n 23, 1968.

B. S. Lesko, Questions about Semut, Center for American Studies 6, 1967.

B. J. Peterson, Hatchepsut, Chronique d'Égypte 42, 1967.

Bickerstaffe, D., The Long is Dead, How Long Lived the King? in Kmt vol 22, n 2, Summer 2010.

Brandi Quilici, Toutankhamon, Secrets de Famille, Documentaire sur France 5, 2012.

Bryan, Betsy M, 18. Dynastie před Amarnskou Dobou, In SHAW, Ian, Dějiny Starověkého Egypta, Praha Kapitola 9, 254, 2003.

Camille North, Chris Regarding Adoption Naituo Engraved Stone, Egyptian Archaeology, 1964.

Charles C. Van Siclen, Amenhotep II, The Oxford Encyclopedia of Ancient Egypt, Donald Redford. Vol. 1, Oxford University Press, 2001.

Christopher Bronk Ramsey et al, Radiocarbon-Based Chronology for Dynastic Egypt, Science 18: Vol. 328, no. 5985, June, 2010.

Christiane Zivie-Coche, Nitocris, Rhodopis et la Troisième Pyramide de Giza, Bulletin de l'Institut Français d'Archéologie Orientale, n 72, 1972.

Cyril Aldred, The End of the El-'Amārna Period, The Journal of Egyptian Archaeology, vol. 43, 1957.

Dieter Miüller, Dergute Hirte: Ein Beitrag zur Geschichte ägyptischen Bildrede, Zeitschrift für Ägyptische Sprache und Altertumskunde 86, 1961.

Donald B. Redford, The Chronology of the Eighteenth Dynasty, Journal of Near Eastern Studies, Vol. 25, No. 2, 1966.

Eberhard Otto, Geschichtsbild und Geschichtsschribung in Agypten, Die Walt des Orient 3, 1966.

Eberhard Otto, Zeitvorstellungen und Zaitrechnung in Alten Orient, Studium Generale 19, 1966.

Edward F. Wente's Review of: Papyrus Reisner II, Accounts of the Dockyard Workshop at This in the Reign of Sesostris I, Journal of Near Eastern Studies, Vol. 26, No. 1, 1967.

Elise J. Baumgartel, The Predynastic Period Egyptian, Cambridge Ancient History, Section 38, Cambridge: Cambridge University Press, 1965.

Elmar Edel, Inschriften des Alten Araeiches XI, Zeitschrift für Agyptoche Spache und Alterwnskunde 85, 1959.

Elmar Edel, Die Ortsnamenlisten aus dem Totentempel Amenophis III, Bonner Biblische Beiträge 25, Bonn: Peter Hanslein, 1966.

Elwyn L. Simons, Early Human Relatives, Scientific American 211, 1, 1964.

Emberling, Geoff, Nubia: Ancient Kingdoms of Africa, New York: Institute for the Study of the Ancient World., 2011.

Ericch Winter, Zur Deutung der Sonnenheilig der 5, Dynastie, Wiener Zeitschrift Für die Kunele des Morgen landes 54, 1957.

Eric Young, For the Twenty-first Dynasty of Chronology and Genealogy of some of the Commentary, American Research Center 2, 1963.

E. F. Wente, A Chronology of the New Kingdom, SAOC 39, 1976.

E. P. Uphill, Ramses, Near Eastern Studies28, 1969.

E. P. Uphill, Seth Festivals in Egypt, Near East Studies, 24, 1965.

Fairman, H. W., Grdseloff, B., Texts of Hatshepsut and Sethos I Inside Speos Artemidos, Journal of Egyptian Archaeology 33, 1947.

Georges Daressy, La Pierre de Palerme et la Chronologie de l'Ancien Empire, Bulletin de l'Institut Français d'Archéologie Orientale, 1916.

Georges Daressy, La Pierre de Palerme et la Chronologie de l'Ancien Empire, vol. 12, Le Caire, BIFAO, 1916.

Gardiner, Alan Henderson, Davies's Copy of the Great Speos Artemidos Inscription, Journal of Egyptian Archaeology 32, 1946.

H. Ranke, Von Geschichtsbilde der Alten Aegypter, Chronique d'Égypte 6, 1931.

Hans Goedicke, Bemerkung zun Alter der Sonnmheiligtümer, Bulletin de L'Institut français d'Archéologie Orientale 56, 1957.

Hans Goedicke, Middle Kingdom Quarrying Situation, American Research Center 3, 1964.

Hans Goedicke, Sixth Dynasty Military War in Southern Palestine, Revista Degli Stadi Orientali: 38, 1963.

Hans Geodiche, Ein Geogreaphisches Unicum, Zeitschrift für Ägyptische und Altertumskunde 88, 1963.

Hans Goedicke, Use of Witchcraft in that Palace of Ramses III Conspired in yet, Egyptian Archaeology 49, 1963.

Helene J. Kantor, Early Mesopotamia and Egypt, Near Eastern Studies 11, 1952.

Helen K. Jacguet-Gordon, Osorkon, Osorkon in Name only Thirty-sixth year Rule, Egyptian Archeology, 1967.

J. L. de Cénival, Un Nouveau Fragment de la Pierre de Palerme, Bulletin de la Société Ftançaise d'Égyptolegie 44, 1965.

James M. Weinstein, The Egyptian Empire in Palestine, A Reassessment, Bulletin of the American Schools of Oriental Research, n 241,

1906.

James Henry Breasted, Ancient Records of Egypt Historical documents from Earliest Times to the Persian Conquest, Collected Edited and Translated with Commentary, vol. I, The First to the Seventeenth Dynasties, The University of Chicago press, 1906.

Jean Capart, Marcelle Merbrouck, Memphis, à l'Ombre des Pyramides, Vromant and C., Éditeurs, 1930.

Jean-Philippe Lauer, Histoire Monumentale des Pyramides d'Égypte, vol. 1, Cairo: Institut Ftançais d'Archéologie Orientale, 1962.

Jean-Philippe Lauer, Audran Labrousse, Les complexes funéraires d'Ouserkaf et de Néferhétepès, IFAO, 2000.

Jean Yoyotte, Les Principantés du Delta a Temps de la Narchie Libyenne, fas c. 4, Mélamges Maspero 1, Cairo: Institut Francais d'Archéologie Orientale, 1961.

Jean Yoyotte, Une Notice Biographique du Roi Osiris, BIFAO 77, Le Caire, 1977.

Jean Yoyotte, Les Os et la Semence Masculine, À Propos d'une Théorie Physiologique Égyptienne, BIFAO 61, Le Caire, 1962.

Jump up Miroslav Verner: Archaeological Remarks on the 4th and 5th Dynasty Chronology In: Archiv Oriental. vol. 69, Prag, 2001.

Jürgen von Beckératen, Die Dynastie der Heraklepopliten, Zietschrift für Ägyptische Sdrache und Altertumskunde 93, 1966.

Jürgen von Beckerath, The Date of the End of the Old Kingdom of Egypt, JNES 21, 1962.

Kinnaer, Jacques, Early Dynastic Period, The Ancient Egypt Site, Retrieved 4 April, 2012.

Leslie Grinsell, Egyptian Pyramid, American Journal of Archaeology, Vol. 54, No. 2 , Apr. Jun., 1950.

Michèle Broze, Mythe et Roman en Egypte Ancienne: les Aventures d'Horus et de Seth dans le Papyrus Chester Beatty I, vol. 76, Peeters Publishers, coll. Orientalia Lovaniensia Analecta, 1996.

Marc Gabolde, Aÿ, Toutânkhamon et les Martelages de la Stèle de la Restauration de Karnak (CG 34183), Bulletin de la Société d'Égyptologie, n 11, 1987.

Mereruka, Maas Taba tomb, University of Chicago Oriental Institute, 1930.

Michel Baud, Vassil Dobrev, De Nouvelles Annale de l'Ancien Empire Égyptien. Une "Pierre de Palerme" pour la VIe Dynastie, vol.

95, Le Caire, BIFAO, 1995.

Mohammed Hammud, Découverte d'une Stèle du roi Kamose, Chronique d'Égypte 30, 1955.

Mohamed Ibrahim Bakr, The Old Kingdom at Bubastis - Excavations since 1978 Outline, Discussions in Egyptology, n 1, 1989.

Murnane, William J. Ancient Egyptian Coregencies, Studies in Ancient Oriental Civilization (SAOC) 40. The Oriental Institute of the University of Chicago, 1977.

Norman dee G. Davies, Rekhmire Located in the Theban Tomb, Volume 2, New York Metropolitan Museum, 1943.

Olivier Perdu, La Chefferie de Sébennytos de Piankhy à Psammétique Ier, Revue d'Égyptology 55, 2004.

Parker, Richard A., The Sothic Dating of the Twelfth and Eighteenth Dynasties, in Studies in Honor of George R. Hughes, 1977.

Paseal Vernns, Quelques Examples du Type du 'Parrenu' dans l'Égypte Ancienne, Bulletin de le Société Française d'Égyptologie 59, 1970.

Paul Barguet, Note sur le Complexe architectard de Sèti Ⅰ à Abydos, Kêmi 16, 1962.

Paul Barguet, Un Complot Contre Ramsès III, d'après le Papyrus N 1875 de Turin, les Papyri Lee I et II, et le Papyrus Rollin, Centre Culturel de l'Ordre de la Rose-croix, Paris, 1989.

Philippe Derchain, Ménès, le Roi Quelqu'un, Revue d'Égyptologie, n 18, 1966.

Ramadan El-Sayed, Les Rôles attribués à la Déesse Neith dans certains des Textes des Cercueils, Orientalia, 1974.

Raymond Oliver Faulkner, Egyptian Military Organization, The Journal of Egyptian Archaeology, vol. 39, 1953.

Reid Ford, Hyksos Invasion, Eastern Culture 39, 1970.

Reid Ford, Chronology of the Eighteenth dynasty of Egypt, Near East Studies, 25, 1966.

Richard Jasnow, New Kingdom, A History of Ancient Near Eastern Law, vol. 1, Leyde, 2003.

Ricardo Caminos, Berlin Papyrus No. 10463, Egyptian Archaeology 49, 1963.

Romuald Schild, Egyptian prehistory, Science 169, no. 3951, 1970.

Ross, Barbara, Saudi Aramco World, 50 (6), 1999.

R. O. Faulkner, Battle of Megiddo, Egyptian Archaeology 28, 1942.

Siegfried Schott, Aufnahman von Hungtrstref aus dun Hufweg der Unuspyramide, Revue d'Égyptologie 17, 1965.

Sir Alan H. Gardiner, Mei Li Kala, Egyptian Archaeology 51, 1965.

Susan E. James, Who is the mummy? The Elder Lady? KMT, v.12 no. 2, 2001.

Thomas, Zur Datierung des "Labyrinth-Gebaudes" auf dem Tell el-Fara'in (Buto), Göttinger Miszellen157: 107-11, 1997.

Troy, Lana, Patterns of Queenship in Ancient Egyptian Myth and History, University of Uppsala, Uppsala Studies in Ancient Mediterranean and Near Eastern Civilizations 14, 1986.

Torgny Säve-söderbergh, Nubian kingdom in the Middle of the Second, Kush 4, 1956.

Torgny Säve-Söderbergh, Hyksos Rule in Egypt, Egyptian Archaeology 37, 1951.

Vito Maragioglio, Celeste Rinaldi, L'Architettura delle Piramidi Menfite, Parte III, Planche, 10, 1963-1977.

Werner Kaiser, Zu den Sonnenheilig Fümern der 5 Dynastie, Mittailungen des Deufchen Archäologischen Instituts, Abteileilung Kairo 14, 1956.

Werner Kaiser, Zur inneren Chronologie der Naqadakultur, Archaeologia Geographica 6, 1957.

Werner Kaiser, Einige Bemerkungen zur Ägyptischen Frühzeit, Zeitchrift für Ägyptiscch Sprache und Altertumskunde 91, 1964.

Werner Kaiser, Einige Bemer-Kungen zur Ägyptischen Frühzeit, Zeitschrift für Agyptische Sprache und Alter tumskunde 86, 1961.

W. A. Ward, Egypt and the eastern Mediterranean Twenty Century BC, "Eastern Culture" 30, 1961.

William C. Hayes, Evaluation of the Late Middle Kingdom Egyptian Government Institutions, Near East Studies, 12, 1953.

William F. Edgerton, Twenty-nine Strikes occurred in the reign of Ramses III, Near East Studies, Section 137-145, 1951.

W. Schenkel, Zum Feudalismus der Ersten Zwischenit Ägyptens, Orientlia 33, 1964.

W. S. Smith, Ponte Land, Center for American Studies 1, 1962.

William K. Simpsen, Twelfth Dynasty of Egypt, American Research Center 2, 1953.

William K. Simpsom, Amun-wosre monument Erected Provenance and Times, Egyptian Archaeology 52, 1966.

William Matthew Flinders Petrie, Memphis I, British School of Archaeology in Egypt and Egyptian Research Account, Fourteenth Year, 1908.

Winifred Needler, A Scorpion and a Stone Humanoid, American Research Center 6, 1967.

Wolfgang Helck, Eine Stele des Vize Königs W r- t.t, Near East Studies, 14, 1955.

二、中文部分

文從蘇譯，世界文明史——源流篇，台北：五南圖書出版公司，二〇〇二年。

王曉焰，金字塔後面的世界，成都：四川人民出版社，一九九九年。

世界歷史編委會，古埃及，台北：西北國際文化公司，二〇〇九年。

老安等譯，古代文明，濟南：山東畫報出版社，二〇〇三年。

任剛，金字塔，北京：世界知識出版社，二〇〇四年。

吳岳添，古埃及探秘，台北：時報出版公司，一九九四年。

林志都譯，法老守護的埃及，台北：閣林國際圖書公司，二〇〇九年。

周谷城主編，古埃及文化求實，杭州：浙江人民出版社，一九九四年。

周明佳譯，拉美西斯二世，台北：時報文化出版公司，二〇〇三年。

邱建一，古埃及藝術，台北：藝術家出版社，二〇〇三年。

金觀濤，悲壯的衰弱，台北：駱駝出版社，一九八七年。

金壽福，法老-戴王冠的人間之神，上海：上海辭書出版社，二〇〇三年。

晏紅譯，法老的復活，海口：海南出版社，一九九九年。

孫錦全，夕陽下的金字塔，台北：荷馬出版文化公司，二〇〇五年。

陳建民譯，近東古代史，台北：台灣商務印書館，一九六六年。

陳建民譯，古代文化史，台北：台灣商務印書館，一九六九年。

陳瑞清譯，築夢金字塔，台北：天下遠見出版公司，二〇〇九年。

覃東，木乃伊，台北：理得出版公司，二〇〇四年。

趙立行，古埃及的智慧，台北：新潮社文化公司，二〇〇三年。

焦冬梅編輯，尼羅河兩岸-古埃及，濟南：山東畫報出版社，二〇〇三年。

楊玲宜主編，一生一定要探索的古埃及五十二個祕密，台北：西北國際文化公司，二〇〇九年。

翟國瑾譯，世界通史，台北：黎明文化事業公司，一九八九年。

蒲慕州，法老的國度，台北：麥田出版社，二〇〇一年。

蒲慕州，西洋上古文化，台北：三民書局，二〇〇九年。

劉英，永恆的埃及，長沙：湖南美術出版社，一九九九年。

穆朝娜譯，解剖古埃及，杭州：浙江人民出版社，二〇〇〇年。

顏海英，古埃及文明探祕，昆明：雲南人民出版社，一九九九年。

羅世平主編，古埃及和美索不達米亞美術，北京：中國人民出版社，二〇〇四年。

羅漁，西洋上古史，台北：中國文化大學出版，一九八八年。

博雅文庫 109

早安，古埃及

作　　者　劉增泉
發 行 人　楊榮川
總 編 輯　王翠華
主　　編　陳姿穎
責任編輯　邱紫綾
封面設計　羅秀玉
出　　版　五南圖書出版股份有限公司
地　　址　106台北市大安區和平東路二段339號4樓
電　　話　(02) 2705-5066
傳　　真　(02) 2706-6100
劃撥帳號　01068953
戶　　名　五南圖書出版股份有限公司
網　　址　http://www.wunan.com.tw/
電子郵件　wunan@wunan.com.tw
法律顧問　林勝安律師事務所　林勝安律師
出版日期　2014年9月初版
定　　價　新臺幣320元

國家圖書館出版品預行編目資料

早安，古埃及／劉增泉著. --初版. --臺北市：五南, 2014.09

面；　公分

ISBN 978-957-11-7711-3（平裝）

1. 埃及史

761.1　　103013614